トラブル依頼人

麻田恭子
監修：加地修（弁護士）

序　文

仁木恒夫（大阪大学法学部）

　ある年、夏のはじまりのある日の夕方、私は赤坂溜池法律事務所で、事件記録を読んでいた。私の研究のため、その日は終日、事務所で記録を拝見したり、執務のようすを観察させていただいたりしていた。このあと事務所の勤務時間が終わったころに、訪問者がある予定になっている。その法律事務所の依頼者の一人である。彼の事件について直接話をうかがえるということなので、その事件の概要をつかんでおこうと、急いで記録に目を通していたのだった。やがて彼が事務所にあらわれた。そして、この事務所の所長である加地修弁護士、事務局の麻田恭子氏ほか事務所のメンバーが彼を囲んで、ワインとチーズでの歓談が始まった。

　彼の事件の概要は、記録からある程度は理解していた。彼は、ある女性との交際費がかさみ、たいへんな借金を抱えこんでいた。当初はある弁護士に依頼していたのだが信頼できず、弁護士会のクレサラ相談で加地弁護士に出会ったのをきっかけに、依頼することになったのである。

彼の債務整理は順調ではなかった。すでに借金がかなりの額にかさんでいたにもかかわらず、生年月日を偽るなどをしてさらに借金を重ねていた。ところが、そのことを加地弁護士にいいだせなかったのである。しかし、処理をすすめていくうちに、話のつじつまが合わないことなどがでてくる。結局、隠していた残りの債務も明らかになり、債務返済計画を再調整することになった。その後、彼は三年間必死で債務の返済をがんばった。そして、その日が、残債務を返済する最後の日だったのである。

彼の事件は、当時、大きな社会問題であった多重債務であった。彼は、「当事者にしかわからないことがある」「返済は半ばごろが一番苦しかった」と語っていた。その苦しい彼を、この法律事務所のスタッフが支え、きょうの日を迎えることができた。そこで、彼をみんなで慰労することになったのである。

一時、多くの法律事務所では、彼のようなせっぱつまった債務者であふれていた。そして、大量の事件処理に対応していくために、事件処理の流れや計算ソフトが考案された。そのことで借金地獄に苦しむ債務者がどれほど救われただろうか。しかし、法律事務所のありようはさまざまである。そのなかでここのような法律事務所にたどりついた依頼者は、ほんとうに幸運だったと思う。

それは、ここが債務返済の最終日に、依頼者の慰労会を開いてくれるような事務所だからである。そう述べるのは、その場で私もワインとチーズのご相伴にあずかったということもある。しかしそれよりも、加地弁護士や麻田氏は、依頼者の問題を根本的に解決するために、おそらくは彼と対決し、挫折しそうになる彼を励まし、彼が自信を取りもどしていく長い時間を見守り、一緒に寄り添ってきたのだ。

したがって彼の達成感は、加地弁護士や麻田氏の達成感でもあったのではないだろうか。そしてその悦びを、事務所のメンバーも一緒に共有できる事務所なのである。ここには、弁護士とはどのようにあるべきか、その仕事がどれほど困難であるのか、そしてそのぶんどれだけ魅力的であるか、その活動が本領を発揮するためには弁護士の協働者であるリーガル・コーディネーターに期待されるところがいかに大きいかをうかがわせている。

本書では、この魅力的な法律事務所の事件処理のようすを、麻田氏の視点から紹介している。裁判所や法律事務所にかかわる人々はさまざまである。法が予定しているはずの「理性的合理的人間」はまるで登場しない。法律家でさえ、いやむしろ法律家こそエイリアンである。そうしたひとくせもふたくせもある人々が、リアルでユーモラスに、そして温かい目線で描かれている。私たちは、麻田氏にナビゲイトされながら、トラブルや法にかかわる人々の世界のすごみとおもしろさを垣間見ることができるのだ。

加地　修（赤坂溜池法律事務所）

私が高校生のころ、私の家族と近所の人との間で紛争が生じたことがあった。家族の大人たちが集まり解決する方法を相談していたが、問題のポイントは理解できていないようだった。相手方である近所の人は、「法律をよく知っている人」に相談しているということだった。その紛争は知識を持たない私の家族が不利な形で終了した。そのとき、私は、世のなかには法律を知らないと損をすることがあるということを知って法律を学ぼうと思った。

私が大学に入ったころ、周囲は大学紛争で揺れており、親しくしていたクラスの友人が新宿西口広場（当時はそう呼ばれていた）でフォークソングを歌っていて警察に逮捕され（確か道路交通法違反）、有罪とされた。私はその友人のためになにもできなかった自分を振り返り、法律の知識を持つだけではなく、法律を知らずに困っている人の役に立ちたいと考えるようになった。その後、私は司法試験に合格し、「国家権力を背にして仕事はしたくない」「困っている人の役に立つ仕事をしたい」という考えから、特に悩むこともなく弁護士という職業を選んだ。

私は、「困っている人の役に立つ」ことを目指して仕事をしてきたが、依頼者と弁護士である私との間に、越えられない一線があることに気づくようになった。すなわち、私の依頼者は私に全面的に心を開いてくれていないのではないかという疑問がわいてきたのである。その時点で、依頼者が満足するような紛争解決をするためには、依頼者と弁護士の間に立って依頼者の心を解きほぐし依頼者から厚い信頼を勝ち得る「人材」を、弁護士という立場でない人に見いだす必要があると考えるようになった。

そんなとき、故井上治典《はるのり》教授とその弟子で大学院生であった麻田恭子氏に出会った。私は、依頼者のために依頼者を助ける弁護士を目指していたが、井上先生はそれを一歩進めて「当事者による紛争解決」を唱えられていた。井上先生と麻田氏とは縁があり、麻田氏は私の必要としていた「人材（リーガルコーディネーター）」として私の仕事の協働者となり、また、大学教授であり弁護士登録もしていた井上先生とは、先生が亡くなられる前の数年間を私の事務所で机をならべて一緒に仕事をしてきた。

本書は、私の筆によるものではなく、私の協働者・麻田恭子氏が、十数年にわたるリーガルコーディネーターとしての立場で私が関与してきた事件を見つめたものである。本書の中身は私の見方とちがった視点でまとめられている。

筆者の麻田恭子氏と一緒に、笑ったり怒ったり泣いたりしてみてほしい。

はじめに

弁護士とはペテン師のことだと確信していた時期があった。そう確信するにいたった経緯は、本文中で述べている。しかし現在その弁護士とともに仕事をしているのだから、人生っておもしろい。

現職に就く前の私は、仕事の関係で、日々数え切れないほどさまざまな職業や肩書きの人々と接し、世界中を飛び回っていた。アルバイトにいたっては、ホステス以外の思いつくかぎりのことはなんでもしてみた。ホステスは私の憧れのアルバイトだったけれど、採用してもらえそうもないのでトライする前にあきらめた。

そんな職歴があったので、普通の人にくらべたら、いろいろな世界を見たことがあると自負していた。ところが、法律事務所で働くようになってみると、「事実は小説より奇なり」という言葉を実感する毎日で、あっという間に十数年が経ってしまった。小説家でも決して考えつかないだろうと思うようなスリリングで奇想天外な事実が、日々目の前に繰り広げられる。

本書収録の事件は、その多数ありすぎる、私自身が現実に体験した事件のなかからいくつかを選び出して再構成し、当事者が明らかにならないよう加工したものである。

これ以外にも、妻たち（!?）に気づかれないよう二カ所に家庭を築いて二〇年以上暮らしてきた男性。夫も妻も離婚すること自体には合意するが、愛犬をどちらが引き取るかで長い間もめ、妻が愛犬を引き取り愛犬が最初に産んだ子犬を夫に渡すことで決着をみた夫婦。二度とパチンコはしないと固く約束して債務整理手続を始めた夫が、パチンコ屋にいる姿を発見して逆上しナイフで刺した妻。嫁が、出会い系サイトを通して肉体関係を持ってしまった暴力団員にゆすられているらしいと相談にきた舅、まだまだかぎりない……。

さすがにいまでは、「弁護士＝ペテン師」という構図は私の頭のなかから消え去ったけれど、弁護士って因果な商売だなあと感じ、それは弁護士とともに働く私たちも同じだと思うようになった。

幸せいっぱいな人と接することは皆無で、法律事務所を訪れる人は、困ったり悩んだり妬んだり憎んだりして、みな負のエネルギーを背負っている。負のエネルギーの伝染力は強く、私には免疫がなかなかできず、何度でもすぐに感染してしまう。感染の初期段階では、依頼者の悩みごとが私の脳細胞の一つひとつに浸透し夢のなかにも出てくるようになって、朝起きていくら考えてみても、夢だったのかきのうの現実だったのかわからなくなることもあった。感染末期には胃潰瘍やパニック障害として出現したりするから始末に悪い。そして、つぎつぎとちがうタイプの負のエネルギーを受け続け、感染症からなかなか立ち直れない。

人間って……、いざとなると嘘つきだし、欲張りだし、自分の利益ばかり考えているし、でも肝心なところで案外間抜けだったりして、非常に興味深い存在だなあと感じる毎日でもある。

もしかしたら、本書は、そういう私のリハビリトレーニングなのかもしれない。

本文中では、私自身を平野麻里子、私の上司であり本書を監修してくださった加地修弁護士を伊武木正志弁護士に重ねている。そうすることで、より第三者的な見方に近づこうと努力してみた。

二〇一〇年七月

麻田恭子

トラブル依頼人

目次

序文　仁木恒夫（大阪大学法学部）／加地修（赤坂溜池法律事務所）　1

はじめに　6

第1章 されど教授……13

Ⅰ　なんだかさっぱりわからない／Ⅱ　それって助成金？／Ⅲ　振り回された四日間／Ⅳ　大学への訪問／Ⅴ　あと三日／Ⅵ　消えた！

第2章 犬も美容整形？……55

Ⅰ　大河内巌氏の死亡と相続開始／Ⅱ　山下千代さん／Ⅲ　相続人と法定相続分の確定／Ⅳ　分割手続／Ⅴ　千代さんの希望／Ⅵ　相続財産に関する説明会とその結果／Ⅶ　あれっ、犬が……

第3章 ドンデン返し！……97

Ⅰ　そんな夫婦もいるんだ！／Ⅱ　あきさんが申し立てた離婚調停／Ⅲ　あきさん自身が試みた和解／Ⅳ　今度は訴えられちゃった！／Ⅴ　え〜っ、まだ続くの!?／Ⅵ　私って未亡人？／Ⅶ　新たな結婚の形

第4章 弁護士の信念ってなあに？……155
Ⅰ 兄と妹、ともに多重債務が……／Ⅱ 買い物依存症と鬱病／Ⅲ 孝行息子／Ⅳ 方針決定／Ⅴ 兄も妹も手続開始／Ⅵ 私の信念です／Ⅶ 別の案件では

第5章 裁判周辺のさまざまな人々……199
Ⅰ 裁判官／Ⅱ 弁護士／Ⅲ 依頼者

第6章 どんな法律事務所がいいのかしら？……255
Ⅰ 事件のたけにあった法律事務所／Ⅱ 価値観を共有でき、気が合う弁護士を選ぶ／Ⅲ 居心地のよい法律事務所／Ⅳ コマーシャルをしていない法律事務所／Ⅴ 二世代の弁護士が在籍している事務所／Ⅵ まとめ

おわりに 268

〔主な登場人物〕

平野麻里子（ひらの・まりこ）

いぶき法律事務所リーガル・コーディネーター（法律の素人である依頼人が積極的に裁判に参加できるよう手助けをする役割）。という難しげな肩書きとは裏腹に、おっちょこちょいでお人好し。犬とお酒が大好き。

伊武木正志（いぶき・まさし）

いぶき法律事務所所長弁護士。弁護士開業30年以上のベテランではあるが、つまらない冗談を飛ばしては周囲の顰蹙を買うという特技をもつ。町医者のように、依頼人が気楽に相談できる法律事務所を目指す。

装幀：あきやまみみこ

第1章 —— されど教授

私の勤務地である東京の赤坂は、都心であるにもかかわらず、冬になると焼き芋、夏になるとアイスキャンディー売りの声が聞こえてくる。だれが買うのだろうと思いながら売り手の声を聞いているが、私も一度だけ焼き芋を食べたことがある。伊武木弁護士が「みんなで焼き芋買って食べたら」と千円札を一枚渡してくれた。そのときアルバイトをしていた大学生が走って買いにいき、「おまけしてくれました！」とうれしそうに焼き芋を一抱え持ってもどってきた。

しかし、その日は蒸し暑く昼前からアイスキャンディー売りの声がしていた。昼少し前に、たいそうあわてている感じの女性から電話があった。[1] 田川夕子さんと名乗ったその女性は、伊武木弁護士と以前から親しくしているということで、非常事態に陥っているので至急相談に乗ってほしいと早口で

1 ほとんどすべての依頼者は、実際はそれほどあわてることでなくても「緊急事態だ」「大至急相談しなければ大変なことになる」などというが、本件の場合は本当に緊急事態だった。

まくしたてた。

　たまたま伊武木弁護士の予定が空いていたので、事務所に来てもらうことにした。

Ⅰ　なんだかさっぱりわからない

　相談に来たのは、ふっくらとした感じの四十代半ばぐらいに見える女性で、白のブラウスに花柄のギャザースカート、大きめのバッグを持ち、第一印象は一般家庭の主婦のようにも見えた。しかし、その女性が出した名刺を見ると、「文政大学　経済学部教授　田川夕子」とあった。

以前、田川さんは画廊でアルバイトをしていたことがあるが、絵の好きな伊武木弁護士がときどきその店に顔を出し、田川さんと名刺を交換したことがあったらしい。しかし、伊武木弁護士は、田川さんのことを覚えていなかった。

　田川さんのブラウスには汗が滲みだし、タオル地のハンカチで額の汗を拭っていたが、汗は止めどなく流れていた。田川さんは、少しでも早く話さなくてはというように早口で話し始めた。

「実は、いま勤務している大学をスムーズに辞める方法をお聞きしたくてうかがいました。ええ……、解雇[2]という形でなく……、そして他の大学に変わりたいと思っているんです。ええ、実は、大学を懲戒解雇[3]になりそうな状況にありまして。ある学生の親が弁護士に頼んで大学に抗議してきたらしくて……。ええ、私は、なにも悪いことをしていないのに、その学生の親が誤解して大学に抗議したことを大学側は鵜呑みにして理事会にかけたんです。私としては、大学を辞めること自体に抵抗はありませんが、もっと穏やかに辞めたいんです。ええ、そして、どこか他の大学に移りたいと考えていまして、あてがあるわけではないんですが、ええ。だって、学生のことを思って私がしていたことを学生の親が誤解して……、助成金がおりる期限が少し遅れたぐらいで騒いで弁護士に頼んだんです、ええ。おかしいでしょ」

なにを話しているのかさっぱりわからなかった。目の前に座っている女性は、吹き出す汗を拭いながら、たとえ名前を聞いたことがないような大学であったとしても、大学教授の名刺を持っている。しかし、その名刺に違和感があるほど、なにを伝えたいのかわからないような話を繰り返していた。伊武木弁護士が、

「ちょっと待って……。なにがあったのかちっともわからないから、なにが起こってなにに困っているのか、順を追って話してみてくれないかなぁ」

いらついたように促したが、田川さんは、同じようにわけのわからないことを繰り返していた。私が、

「田川さん、田川さんは懲戒解雇を言い渡されたんですか？」

と問うと、

「まだ言い渡されたわけではないのですが」

2　使用者（雇い主）が一方的に労働契約を解約する（辞めさせる）こと。

3　解雇手段の一種でもっとも重い処分。労働者（田川夕子氏）が企業（文政大学）の秩序違反をした場合の制裁としておこなわれる解雇。通常、即時解雇の形をとり、退職金に対する権利を喪失させる。

とだけ答えて、そのまま黙ってしまった。そして、目の前の麦茶を一口飲んでから、ひと言ひと言確認するように話し始めた。しかし、田川さんの話の内容を一生懸命に理解しようとしても、私にはよくわからなかった。

「私は、いまの大学に入って七年、いえ六年目だったかしら……、子どもが一人いまして、仕事との両立はなかなか難しくて……、私は再婚で現在の夫はオーストラリア人なので、日本での就職がなかなかうまくいかなくて転職をしたりいろいろ問題もありますしね。ですから、戸籍上は私の姓は変わっているんですが、旧姓の田川で仕事をしています。ええ、その前は吉村っていう姓で仕事をしていて、ええ、論文も吉村で書いています。そういうことからも学歴や業績について誤解が生じたようで……。

解雇の理由ですか？　いろいろあるようですが、大学側に報告をしないで、ある助成金、ええ、もちろん学業優秀な学生のための助成金ですよ……、大学側に報告しないまま私のゼミの学生がその助成金を受けられるよう便宜を図っていたという、それが主な理由で大学は私を解雇しようとしているんですよ。ええ、おかしいでしょ。学生はみな喜んでいたんですよ。返さなくてはならない奨学金とちがって、申請して審査に受かれば助成金をもらえるんですからね。学生にとってなにも不利なことはありませんでしょ。

最初は、新宿のある電気店を指定されて、その電気店に学生を連れていき、パソコンを買ってその領収書を渡すと、領収書の金額の一割を助成金として現金で渡してくれたんです。ええ、もちろん、そのお金は全額学生に渡していましたよ。でも、だんだんシステムが変わってきて……。ええ、私は、学生のためを思って、助成金制度の申請をして、学生に斡旋してたんです。ええ、もちろん学生のためにやっていたことですし、悪いことではないので大学の承諾は必要ないと思って、大学に報告もしていなかったんです。

だからといって、懲戒解雇というのは納得がいかないんですよ。ええ、助成金は、そうですねえ一人三〇万円から五〇万円ぐらいで年間六、七人、この六年間ぐらいもらってきましたから、合計すれば一千万円を超えるでしょうか。ええ、そうですすよ、学生のためを思って助成金の申請を代行してあげていたんですよ。学生はみな喜んでいまして……。今回問題になったのは、一人の女子学生の助成金の支給が遅れたことを親が不服に思って、大学に抗議したことから始まったんです。それで、助成金のことが大学に公になり、私が不正を働いているかのようにいわれ、懲戒解雇という話にまで発展してしまったんです。

助成金の規約ですか……。ええ、そういうものは特にありません。ええ、パンフレットもありません。支援団体ですか……。いやぁ、バックにどういう支援団体があるのかについて私は知りません。ええ、東大の研究会で知り合ったかたがたの紹介で、私のゼミも助成金支給対象に指定していただくことができました……。ええ、そりゃあもう大変でしたよ。有名校には助成金もおりやすいですが、うちの大学はしょせんだれも名前を知らないような三流以下の大学ですからね。さまざまな企業にサポートを要請しましたが、なかなか助成金まではこぎつけなくて……。ええ、ですから今回の助成金制度はすごくありがたくて、喜んで利用していたんです」

頭のなかを整理しながら聞いていたが、どうやら、田川さんが東大の研究会で知り合った人の紹介で、この六、七年間、数名の学生にどこかの支援団体から助成金をもらっていたようだ。しかし、その助成金の規約はなくパンフレットもないという。それでいて、一人につき三〇万円から五〇万円程度の多額の助成金が出るとは信じがたいし、そんなにいいことずくめの話が、なぜ懲戒解雇に結びつくのだろうと考えていた。伊武木弁護士も、同じことを疑問に感じたようで、田川さんの話を途中で制し、その点を指摘した。田川さんは、

「ええ、ちょっとちがうんです、システムがね。まず、学生から三〇万円から五〇万円程度を、私の銀行口座に振り込んでもらい、それを私が指定された口座に振り込むと、だいたい一カ月から一カ月半後に一割程度の助成金が付いて私の通帳にもどってくるので、私は、そのお金を学生に返すんです。必ず一割ということはなくて、払い込む金額が多ければ割合のよい助成金がもらえたりすることもありますし、必ずしも何割って決まっているわけではありません。この六年間、助成金が出る期間が少し遅れたことはありますが、助成金がおりなかったことはありません」

そこまで聞いて、伊武木弁護士と私は顔を見合わせた。学生に三〇万円から五〇万円のお金が助成金として支給されるのではなく、学生が三〇万円から五〇万円のお金を出資し一定期間経過すると、元本に約一割の利子が付いてもどってくるというのが実態のようであった。伊武木弁護士は、

「さっきの話と全然ちがうじゃない。学生に三〇万円から五〇万円の助成金が支給されて、その合計が一千万円程度になると思う……、田川さんはそういったけれど、学生が田川さんの口座に振り込んだ金額の合計がこの六年間で一千万円程度になるって、そういうことね」

「そんな……。ええ、まぁ、そうですけれど、私の口座に入ったといっても、私がそのお金を使って

いたわけではありませんし」

「そんなのおかしいじゃない。それは助成金とは呼べませんよ。だって、学生がまず田川さんの通帳にお金を振り込むんでしょ。第一、学生がそんな多額のお金を持っているものなの？　これは、田川さんが学生からお金を集めて投資かなにかで運用しているのではないかと疑われても仕方がないよ。それに、学生から振り込まれたお金をどこに送金していたの？」

「ええ、それは……、ええ、そのう、東大の研究会で知り合った山田一郎さんというかたの口座に。ええ、こちらからは一切連絡が取れないんです。一方的に向こうから連絡があるのを待つだけで。ええ、五、六回ぐらいかしら、とにかくあまり会ったことがなくて、あとは相手からの電話連絡を待つだけなのでくわしいことはわからないんですが、まず私が優秀な学生を推薦し、その学生がお金をいったん振り込むことで本当に助成金を必要としているのか……、ええ、真剣さというか熱意というか、そういうのをテストしてから、助成金を支給してくれるらしくて……。ええ、山田さんの地位ですか？　ええ、よく知らないんです。一度名刺をもらったんですが、なくしてしまって……。でも、なにしろ東大の研究会に出席していて、私たちの研究分野のこともくわしかったですし、同じような研究者のかただったたと思います」

「本当ですか？　そんな話をしたら、あなたが疑われても仕方がありませんよ。バックマージンかなにかもらっていたんじゃないですか。私には、本当のことを話してもらわないと対処のしようがありませんからね」

「バックマージンだなんてとんでもありません。ええ、実は……、この数年間で、数万円相当の商品を何度かいただいただけで……。

それから、海外旅行や留学をする学生のために、日本円から米ドルへの交換の斡旋というのもしていたんです。銀行に持ち込めば一ドル一一五円ぐらい出さないと買えないのに（当時）、あるかた……、ええ、すみれ女子大学の教授なんですけどね……、そのかたがたくさん米ドルを持っているので、そのかたに頼むと一ドル八〇円で買えるんです。それを八千円から八〇万円の間で購入申込ができる制度です。そういう形の助成金もときどきありました。山田さんから『今回はドルの枠がいくら取れたからよかったら使ってください』って連絡があるんです。その助成金斡旋のことも大学側に責められました」

そこまで聞いたとき、私は、田川さんが正気なのだろうかと疑った。

「田川さん、米ドルを八〇円で買えるって、それ米ドルのキャッシュのことですか？　米ドルの現物が一ドル八〇円で手元に受け取れるんですか？」

「ええ、そうです。いい助成金でしょ」

「だれでも買えるんですか？」

「ええ……。原則として、留学したり広く世界を見てまわりたいと考えている学生さんを支援したいというのが目的ですので、学生ならだれでも大丈夫だと思います。ええ、枠があるときなら平野さんだって買えると思いますよ。ええ……、とにかく、そのかたはたくさん米ドルを持っているらしくて……、ええ、私も本人に会ったことはないんです。なんだか、昔、アメリカに住んでいたらしくて、日本に帰ってくるときに、不動産を売ったお金とか貯金を全部現金で持ち帰ってきたんですって。それで、ありあまるほど米ドルを持っているらしいんです」
「でも、その話、少し変だと思いませんか？　そのかたがいつごろアメリカの不動産を処分し貯金を解約して日本に帰っていらしたのかわかりませんが……、そのとき一ドル八〇円だったというならまだしも……、それにしても、そんなにたくさん持っているなら、一定期間にかぎられた枠があり、その期間や枠もそのときどきによって異なるというのは、話の筋が通らないとお思いになりませんか？」

II　それって助成金？

なにがなんだかわからない話を整理すると、田川さんが助成金だといっているものには二種類あり、その内容はおおよそ次のようなものだったようだ。

第一の助成金

初期の段階では、新宿のある電気店を指定され、学生をその電気店に連れていき、ある特定のメーカーのパソコンを購入してその領収書を山田一郎氏に渡すと、約一カ月後に領収書記載の金額の一割がもどってくる、というものだった。

しかし、システムが変わり、現在は、山田一郎氏から助成金募集について連絡がある。助成金の内容は、まず助成金申請のために一人一回三〇万円から五〇万円程度を払い込む。助成金がおりるまでの期間と助成金の額はその都度異なり、おおよそ一カ月から一カ月半の審査期間を経て、払込金額の一割前後の助成金がおりる。助成金が入金される際に、学生から払い込まれたお金も一緒に返還される。田川さんは、はじめに振り込まれた金額と助成金を加えた額を学生に渡す。そのすべては、田川さんの預金通帳を通じておこなわれていた。

第二の助成金

米ドル換価募集に関しても山田一郎氏から連絡がある。募集の単位が常に百ドル単位であることに変わりはないが、その都度、購入可能限度額や購入申込締切日が異なるとともに、日本円を振り込んでから米ドルの現金を受け取ることができるまでの期間も異なる。これまでにこの助成金制度を利用した学生の利用額は、一回につき千ドルから二千ドル程度であるが、たまに枠があれば五千ドルぐらい購入して留学などに備える学生もいた。学生が田川さんの口座に日本円を振り込み、一カ月半から二カ月後、山田一郎氏から田川さんが米ドルを受け取るということだった。

田川さん曰く、田川さんが学生のためを思っておこなってきた行為を大学側が誤解し、田川さんが大学内で学生と金銭の受け渡しをして、田川さん自身が利益を得ていると誤解されたということだった。

しかし、田川さんが助成金と呼んでいるお金の流れを見れば、それが通常の助成金、つまり奨学金のような性格のものではないと思われても当然だ、と私は思った。

あくまで「私の感覚で」という前提で感想をいえば、第一の助成金は、まるで短期の投資ビジネスの片棒を担いでいるような感じを受ける。具体的なことはわからないが、バックでだれかがファンドを組んで、株の売買をしていたり、企業買収をしたり……、それにしてはちっぽけな金額だが、いろいろな大学で同じようなことをしている教授がいればそれなりの額が集まるだろう。だからこそ、そのときによって募集金額が異なり、償還期間や利率も異なったのではなかろうか。田川さんは、本当にそれが助成金だと信じて学生に斡旋していたのだろうか。もしそうだとしたら……、大学教授のなかにも、その程度の常識すらない人がいるということになる……。しかも経済学部の教授なのに。

第二の助成金については、不自然で信じがたいという感想を持っただけで、内容についてはなにもわからない。考えが飛躍するが、換金した米ドルが精巧に作られた偽ドルだったのか、もしくは、外国で盗み出されたドル紙幣を日本に持ち込んで換金していた……？　スパイ映画を見ているような感覚にとらわれた。

とにもかくにも、田川さんのそのような行為が大学に伝わり、問題視され、懲戒解雇になろうとしているということまではわかった。

「どうして、大学側の知るところとなったの？」

と、伊武木弁護士がたずねた。

「実は、助成金支給が少し遅れたのを不満に思った一人の女子学生の母親が、弁護士に相談したらしくて、その弁護士から、大学側に抗議と質問があったようなんです。それで、私が大学に呼び出されていろいろと事情を聞かれました」

「でも、学生から振り込まれたお金には、ちゃんと利子……、いや、助成金が付いて学生にもどっているんでしょ」

「ええ、それが……、その……、一人の女子学生の分だけ助成金が遅れただけでなく元金を返すのも遅れましてね。まあ、助成金につきましては、本来、全員に出るわけではなく、審査に合格した学生だけがもらえるというものだったので、その女子学生は少々問題がありまして不合格になったのだと思います」

「これまでにも不合格になった学生はいるの？」

「ええ……。いえ、彼女がはじめてです」

「まだ、元金の返還もしていないの？」

「ええ……。いえ、大学側から注意を受け、すぐに返しました」

田川さんが話すところによれば、半年ほど前ゼミ員に助成金に関する一斉メールを送ったところ、小柳真美という女子学生の母親が非常に乗り気になって、もっと多額の助成金はないのかたずねたという。その母親は自営業、父親は大企業の役員を務めており、経済的には助成金など不要だと思われるような豊かな家庭らしい。そのことを本部（そのときはじめて、田川さんは「本部」という言葉を使った）に伝えると、小柳真美さんのためには特別枠を取って優遇するという返事が来たということだった。

「本部ってどこにあるんですか？」

私が質問すると、田川さんは驚いたような顔をし、一瞬考えてから、

「いえ……、ええ、山田一郎さんのことです。そう呼んでいたこともあったんです、本部って。さっ

きもいったように私からは連絡が取れないので、山田さんから連絡が来るのを待つだけでしたが、たまたま連絡があったときに小柳さんの話をしたんです。ええ……、とにかく、ちょうどタイミングがよくって」

「ずば抜けて優秀だけど経済的に困窮していて学問を続けるのが難しいという学生のために、特別枠をとって優遇するというのであればわかりますが、それほど裕福な家庭の子どもで、しかも少々問題がある学生のために、優遇措置をとるというのはちょっと不自然ですよね。その結果、結局助成金はおりなかった……。そういうことですね」

私がそう問いかけたのが聞こえなかったかのように田川さんは話し続けた。要約すると、次のようなことらしい。

まずはじめに一カ月で一割の助成金がもらえるという話をしたとき、小柳さんはすぐに五〇万円を振り込んできた。そして、その助成金が出る予定日の直前、山田一郎氏から田川さんに、小柳さんがもう一口……、つまりあと五〇万円を払い込み、最初に払い込んだ五〇万円もそのまま預けておけば、二カ月後に三割の助成金が得られるので勧めてみるように指示があったという。計算をしてみると、最初の五〇万円は一カ月後に五五万円になっており、さらに五〇万円を振り込んで百五万円を預ければ、その二カ月後には一三六万五千円がもどってくるということになる。その話をしたところ、小柳さんは、またすぐに追加の五〇万円を振り込んできたという。そのような行為を繰り返し、最終的な預り金が七五〇万円にも達した。途中で何度か、小柳さんが返金を求めたことがあったが、もっと積めばもっと助成金の率がよくなるという誘いに乗って膨れあがったらしい。

　そこまで聞いた伊武木弁護士は、

「ねえ、それはおかしいでしょ。だれが考えても、大学のなかで教授と学生がやりとりする金額じゃないよね。そう思わなかったの？　それに小柳さんという女子学生が返金を求めたときにどうしてすぐに返さなかったの？」

「ええ、返そうと思ったんですが、山田さんが、いまがチャンスだ、やめない方がいいって勧めたので」

「まあ、そんなことしていたんじゃあ、大学側から問題視されても仕方がありませんねぇ。それで、いま、理事会であなたの処遇についてどうするかが問題になっているわけだ。田川さんは、本当はいまの大学に残りたいの、それとも円満に辞められればそれでいいの？」

「ええ、円満に辞められるのなら辞めた方がいいかなとも思っているのですが……、なんだか私がおかしなビジネスに手を染めているっていううわさが流れていて、大学にもいずらくなっていますし……。ええ、でも、ゼミ生が卒業に向けて卒論を書いていますので、いま四年のゼミ生だけでも最後まで見たい気もして……。それに、いまの時期だと半端で次の就職口もないし……。

　でも、とにかく懲戒解雇を避けられればそれだけで充分です。ええ、懲戒解雇になってしまうと職歴に傷がつきますから……。とにかく、私が懲戒解雇になるかどうか決まる理事会まで、あと一〇日ほどしかないんです。急いでください。

　私は、本当に学生のためを思ってしていただけなんです。ええ、絶対に、学生をだまして変なことをしようとしていたわけではありません。私の処遇に関する件の責任者、いえ窓口は遠藤教授……、ええ、これが遠藤先生のメールアドレスと携帯番号です。すぐに、ええ、必ず今日中に動いてください。本当にどうかよろしくお願いします」

伊武木弁護士は田川さんに、東大の山田一郎氏にくわしい説明を受けてからでないと、田川さんを不利な立場から救い出すことに協力はできないと伝えた。田川さんは、山田氏からは一方的に連絡があるだけで、田川さんから山田氏に連絡は取れない、と懇願するように何度もいっていたが、伊武木弁護士が、

「ドルを受け取るときには会うんでしょ。とにかく、私がその山田一郎さんという人に会って事情を聞かないかぎり、田川さんが善意でやっていたんだということを大学側に理解してもらうのは難しいな。それだけはわかっておいてね。山田一郎さんと私が直接会って話をしないかぎり、大学側と話し合いはできませんよ」

と、念を押した。そして、田川さんが伊武木弁護士になにをしてほしいのか、その内容について再確認をした。

「私は、懲戒解雇を避けられればそれで充分です。ええ、もちろん、いまのまま大学に残ることができれば、いまの四年生が卒業するまで残りたいとも思いますが……、でも、懲戒解雇を避けることができればそれでけっこうです。いま、辞表を出しても受理できないといわれていますので……。ええ、何度もいいますが、このまま懲戒解雇ということになれば、退職金が出ないうえに次の就職口もなくなってしまうと思います」

その日、委任事項[4]を記載した委任状[5]に署名捺印し、報酬契約[6]を結び、田川さんは帰っていった。

Ⅲ　振り回された四日間

田川さんがはじめて事務所に飛び込んできたのは火曜日だったが、田川さんは、処分が決定される理事会が次の週の金曜日で、それまで一〇日間しかないから急いで動いてほしいと何度も念を押していた。

田川さんが帰ったのち、伊武木弁護士が私を呼び、

「田川さんの件、考えてみたんだけど慎重に進めないと……、難しいなあ。まず、その助成金の正体がわからないとね。さっき、ぼくが山田さんと直接会いたいといったとき、田川さんの顔色が変わっていたよね。連絡を取るのが難しいっていっていたけど、助成金の内容を把握しないまま、大学側と話をするわけにはいかないから……」

「そうですねぇ。でも、どうしてもう少し早く相談しなかったんでしょうか。途中に週末も入りますから、きょうを入れて理事会まで、動けるのは八日間しかないってことですよね。伊武木先生はどういう手順で進めるつもりなんですか」

「そうねぇ……。まず助成金の実態がわからないと大学側と交渉はできない……。だから、山田一郎さんと連絡がつくまで待つしかないかなあ」

田川さんからは、混乱した様子でその日のうちに何度も電話があった。その都度、まず山田一郎さんと連絡を取ってほしいと繰り返した。結局火曜日の午後は、田川さんからの電話やメールの対応で終わってしまった感があった。

水曜日から金曜日までも、田川さんから一体どれほどのメールと電話が入ったのか数え切れない。そして、水曜日と木曜日はそれぞれ二回、金曜日は一回、突然事務所に現れた。こちらが、他の依頼者と打ち合わせ中であろうと、法廷に出かけていようと、おかまいなしに事務所に現れ、伊武木弁護士と私の手が空くのを待っていた。

メールや話の内容は、いつもほとんど同じで、「大学側と連絡を取ってもらえただろうか」「早く大学側と話し合ってほしい」「同僚の先生からしかじかというわさを聞いた」「仮に辞表を受理してもらえれば、退職金をもらえるのだろうか」「なんとか退職金をもらえる方法を考えてほしい」というようなことだった。

そのたびに、伊武木弁護士は同じ返事をした。

「何度も何度も同じことといっているのにわからないの？　助成金の実態があやふやなまま、大学側に田川さんのことを説明したり弁明したりすることはできないから、まず最初に、私が東大の山田一郎

4　田川さんが伊武木弁護士に代理権を与えた内容（依頼した仕事の内容）。
5　田川さんが伊武木弁護士に委任事項に関する交渉などを依頼することを記載した書類。
6　弁護士が仕事を引き受ける際には、報酬基準にしたがって、依頼者との間で報酬契約を結ぶ。通常は事件に着手するときにいくらかを受け取り、成功したら成功報酬を受け取る。

さんという人に直接会ってくわしい説明を聞かないとなにも始められないって……」

金曜日は、田川さんからのメールや電話の数が少ないと思っていたが、事務所の業務終了間際になって、田川さんが事務所に駆け込んできた。

火曜から毎日会っていて気づかなかったが、改めて田川さんの顔を見ると、四日間でいくつも年齢《とし》をとったように見えた。田川さんは、はじめて事務所に来たときと同じように、早口で話し始めた。

「ええ、わかっています。うかがう前にお約束をしないといけないんですよね。すみません……。ええ、わかっていたんですが……、きょうはどうしても伊武木先生にご了解いただかなくてはならないことがありまして……。伊武木先生は山田一郎さんに会ってからでないと大学側に話をしてくださらないとおっしゃっていましたが、山田さんは忙しくて、どうしても伊武木先生に会う時間がないというんです。電話だけでもと頼んだのですが、昼間はなかなか忙しいらしくて……。ええ、それで私が昨夜遅く山田さんに会って説明を受けてきました。ええ、これが説明図なんですけど……」

「昨夜遅く会ったのなら、どうしてそのとき私も同席させてくれなかったの！　何度も何度も同じことばかり電話してくるのに、肝心なときは連絡をしないんだね」

「ええ……。いえ、あの、深夜、急に会うことになったので連絡ができなかったんです」

田川さんは、オドオドしながらA4版の紙を見せた。そこには、いろいろな企業名・人名・大学名とそれらを結ぶ矢印などが入り組んで書かれていた。

「ええ、これを見せて説明するようにいわれまして……、私が説明を受けたんですが……、全部わかりましたので、私の説明を聞いて大学側と掛け合っていただきたいと思って来ました。ええ、本当にもう時間がないんです。お願いします。山田さんの名刺ももらってきました」

田川さんは大切そうに、しわくちゃになったA4版の紙と名刺を伊武木弁護士の前に置いた。

名刺には「東大生助成金団体東蛍会《とうけいかい》　理事　山田一郎」と記載されていた。しかし、東蛍会の住所も電話番号も記載されていなかった。そして、A4版の紙に書かれていたのは意味がわからない関係図のようなメモ書きだった。

伊武木弁護士は、名刺とメモを一瞥《いちべつ》したのち、

「このメモを持って大学に説明に行けっていうの？　これじゃあなにもわからないよ。わかるように説明してくれる？」

「ええ、ですから、そこに書いてある東蛍会という団体が……、東大の教授たちが立ちあげたからそういう名前にしたらしいんです。その東蛍会が、そこに書いてあるようなさまざまな上場企業に、優秀な卒業生の就職を斡旋するという交換条件で、企業から学生を支援する助成金を受け取っている、というのが今回の助成金のシステムだそうです。ええ、本来なら、文政大学は枠外だったのですが、私が研究会などに足を運んでいるうちに東蛍会のかたがたと親しくなり、特別に枠を作っていただきました。ここに書いてあるのが、助成金の支給を受けている大学ですが、全部だれでも名前を知っているような一流大学ばかりですよね。ええ、どんな企業でも、そういう一流大学の優秀な学生を採用したいですからね。ええ、そりゃそうですよね……」

田川さんは、はじめの自信なさそうな表情から、徐々に自分の話に酔っているかのような得意気な

表情に変わっていった。私は、田川さんが、むやみと口にする「ええ……」という言葉がだんだんと耳障りになり始めていた。伊武木弁護士もその表情がうんざりしたものに変わっていき、大きく溜息をついて私を見やった。私は、

「田川さん、伊武木弁護士は、山田一郎さんと会って話をしたいと何度も申しましたよね。このような助成金の制度があるとすれば、それなりに規約書やパンフレットなどの裏付資料があるはずです。その資料に、細かい規約が記載されているはずです。年間、何人にいくらの助成金が支給されるのか、まあ、通常は奨学金と呼ばれているものが多く、助成金という呼び名は珍しいですけれどね……、それから応募資格や判定基準なども決められているのが普通です。こんなあやふやなメモで、奨学金のたぐいが支給されているとは信じがたいことですよね。

それから、山田さんの名刺ですが、住所も名前も書いていないですね。名刺って普通は住所や電話番号が書いてあって、初対面同士が交換しあい、その後連絡を取り合うのに使うものなのではないでしょうか。住所もなにも書いていなければ、連絡の取りようがないし、なんの役目も果たしませんよね。こういう名刺をお使いになるのは、国会議員など肩書きと名前だけで人の特定ができる立場のかたや、言い方が悪いかもしれませんが、あえて連絡先を知られると困る暴力団の構成員ぐらいじゃないでしょうか。この名刺とメモを持って文政大学に出向き、田川さんの処分を考えている理事や教授に、どう説明すれば信じてくださるとお思いですか？」

話をしているうちに、ついつい厳しい口調になってしまった。

田川さんは徐々にうなだれていったが、伊武木弁護士の方を見て、

「ええ……お願いします、伊武木先生。もうこれ以上の助成金関係の資料は出てこないと思いますし、とにかく時間がないんです。きょうはもう金曜日ですよね。遅くとも来週の月曜日には必ず担当の遠藤教授に会って、理事会の決定を阻止するようにいってください。山田一郎さんは、忙しくて伊武木先生にはどうしても会えないって、そういってましたから、ええ、お願いします……それから、これはもっと早くお見せするべきものだったと思うのですが……、本当にすみません」

といって、いろいろと書き込みがなされている「疎明《そめい》資料[7]ご提出のお願い」という大学理事会作成の書面を、頭が膝につきそうなぐらいうなだれて出してきた。

その書類には、次の質問と疎明資料の提出願いについて記載されていた。

田川夕子殿
疎明資料提出のお願い
要望一　助成金組織の存在を明らかにするための資料をご提出ください。
要望二　お金の流れを明確にするため、助成金組織の領収書・記録簿など、また貴殿が助成金支

7　ここでいう疎明資料とは、助成金という制度が本当にあったか否か、あったとすればどのような制度なのか、お金の流れがどのようなものだったのかなどについて、裁判になったとしたら証拠としては認められない程度であったとしても、大学側が、田川さんの説明について、一応は確からしいと推測できる程度の資料。

給などの際に使用されていた貴殿名義の通帳の写しをご提出ください。

なお、以上の要望はかねてよりお願いしているものであり、回答期限を過ぎているにもかかわらず、貴殿から回答が得られないため、再度お願いする次第です。一週間以内に回答なき場合には、貴殿に回答の意思がないものとみなしますのでご了承ください。


田川さんは、伊武木弁護士が見たいといったものと同じ資料の提出を大学側からも要求されていたのに、それを隠していたのだ。

Ⅳ 大学への訪問

田川さんからそれ以上の情報を引き出すことができないと考えた伊武木弁護士は、とりあえず、大学側が、田川さんのどのような言動をもっとも問題にし、また処遇についてどのような考えを持っているのかを聞いてみる以外に方法はないと考えた。

助成金のことは、田川さんが本当に善意でしていたことなのか、数万円相当の品物を数回受け取ったというその見返りを目当てにしていたことなのか、それとも犯罪にかかわるグループの一員だったのか、それらの点について伊武木弁護士がどう考えていたのか、私にもわからなかった。

伊武木弁護士は、田川さんの見ている前で、渋い表情のまま、文政大学の遠藤教授に連絡を取るよう私に指示をした。

急ぎのためメールにて失礼いたします。私は、貴大学の田川夕子教授から相談を受けている弁護士です。同教授によれば、貴大学が同教授につき懲戒解雇処分を検討されているとのことですが、同教授はその原因について心当たりがなく、おそらく大学側の誤解であると思われると主張しています。そのため、遠藤先生に一度お目にかかり、懲戒解雇処分を検討されている理由などをお聞かせ願いたく、連絡をさせていただきました。懲戒解雇処分を決定する理事会は来週の金曜日に開かれるということですので、至急お時間を作っていただきたく連絡をしております。ご返事をお待ちいたしております。

弁護士　伊武木正志　秘書　平野麻里子

「とにかく遠藤先生には会ってみるけどね……。大学との交渉の前提として、田川さんが私との約束を破ったということは覚えておいてね」

田川さんは、話しかけるのが怖いほど不機嫌な伊武木弁護士に、何度も頭をさげながら、汗を拭き拭き帰っていった。

事務所の電話を、業務終了の留守番電話にしようとしていたところに、遠藤教授から連絡が入り、次週の月曜日、大学で会うことになった。遠藤教授は穏やかな感じで、

「田川先生が弁護士さんに依頼したのなら、話が早いです。こちらにとっても好都合です」

と話していた。

週明けの月曜日も暑かった、電車を降り文政大学への坂道を歩きながら、伊武木弁護士と私は、田川さんが語ったことについて互いの考えを口にしていた。私は、なんだかわからないが不思議なからくりのなかに身を置いていているような感覚だった。

「……絶対に変ですよね。経済学部の教授なのに、あんな形の助成金があるって本当に信じていたんでしょうか。それに一ドルが八〇円で買えるなんて……。本当に米ドルを買って海外で使った学生がいっぱいいいるっていうことは、偽札ってわけでもなさそうだし……。でも、北朝鮮の偽札は巧みに作ってあって偽物だっていうのがわからないこともあるらしいですよ。それとか、大がかりな窃盗団があって、アメリカで盗んだドル紙幣を日本で売りさばいているとか、先生……、どう思います?」

「平野さん、ぼくたちは、田川さんの代理人として、これから文政大学の担当教授に会うんだよ。面白半分に、北朝鮮の偽札だとかアル・カポネみたいな話していたらダメだよ」

とたしなめられてしまった。冗談好きないつもの伊武木弁護士とはちがっていた。

私たちは応接室に招き入れられ、遠藤教授と名刺交換をした。名刺を見て、遠藤教授が、文政大学の教授であるだけでなく、文政学園全体の理事を務めていることがわかった。遠藤教授は、五〇歳を少し過ぎたくらいだろうか。大学教授には珍しく、酷暑のなかを涼しげに、きちんとスーツを着てネクタイを締めていた。

「私の部屋は汚くしているのでこちらで……、どうぞお掛けください。きょうは暑いなかわざわざありがとうございます。田川夕子さんとは、以前からのお知り合いで?」

「いえ、知人の紹介とでもいうのが一番正確でしょうかねぇ。以前に何度かお目にかかったことはあるらしいんですが、私は覚えておりませんで、ほとんど初対面のようなものです」

「ああ、そうですか。それでは田川先生自身についてといいますか、人となりについてといった方がいいでしょうかねぇ……、くわしくご存じではないんですね。それで、今回相談を受けて、大学を懲戒解雇されそうだけど、その理由について誤解がありそうなので大学側に確認してほしいと、そういうことなんですね」

そう語った遠藤教授の表情は、安心したような、物足りなさを感じたような複雑なものだった。

遠藤教授が、現在田川先生が置かれている立場について、その理由を織り交ぜながら説明を始めた。理由は、私たちが田川さんから直接聞いていることと似通っていたが、ニュアンスはかなりちがっていた。

まず遠藤教授は、田川さんが小柳真美という女子学生の母親とやりとりしたメールをプリントアウトしたものを私たちに示した。

そこには、小柳真美がはじめて申し込んだという助成金について、田川さんからゼミの学生全員に送ったと思われる以下のようなメールがあった。

【助成金・最終案内です。いますぐ五〇万円用意できれば、四週間後に五五万円になってもどってきます。次回は未定です。今週中に連絡がない場合は、他大学に枠を譲りますので、申し込みは早めにしてください。なお、この助成金をたびたび受けている学生については、就職の際、私が推薦

状を書きます】

そのメールを読んだ伊武木弁護士が、

「う〜ん、これは本当に田川教授が書いたメールなんでしょうね？」

と驚いたようにたずねると、遠藤教授は、

「ええ、そうです。そこにメールアドレスが書いてあって田川夕子という署名があるでしょ。宛先もたくさんのアドレスが書いてありますよね。確認してみたところ、ゼミ員全員に送っていたようです。ゼミ員からはすでに事情を聞きましたが、四年生のゼミ員のなかには何度も助成金をもらい大変助かった、といっていた学生もいました。

でも、三〇万円や五〇万円という金額を学生自身が持っているということはほとんどありませんからね。学生の多くは親御さんに相談し、その時点で、親御さんが不審を感じて田川先生に直接電話をして詳細をたずねたりしたこともあったようなのですが、田川先生は、東大系の信頼できる助成金だから心配はいらないと回答して親御さんを安心させていたようです。そうやって、一度助成金をもらったことのある学生のなかには……、本当に学生を援助したいという趣旨の助成金ならいい話ですからね……、何度も繰り返して申請をしていた学生もいたようです。

それが、今回、小柳真美という学生の母親と田川先生が特に親しくなって、小柳さんはこのメールを受け取った日を皮切りに、約半年間の間に総額七五〇万円もの大金を田川先生の個人口座に振り込んだのに、助成金が出ないばかりか、元金ももどってこないというので弁護士に相談したということなんですよ。その弁護士が学長と話がしたいと申し入れてきて、はじめて、大学側がこのような事実の存在を知ったんです。大学の監督不行届でまことに恥ずかしいかぎりなんですが……」

「小柳さんから預かったお金は全額返したと田川先生はいっているんですが、そのこと自体に間違いはありませんか？」

「はい、大学から田川先生に注意をしたあと、田川先生は小柳さんの口座に七五〇万円全額を何度かに分けて返還しています。ただし、その助成金とやらは一切出ていません。小柳さんの母親が田川先生に不信感を抱き始め、弁護士に依頼する前は二人が直接連絡を取り合っていたようなんです。そのときのメールのやりとりがここにプリントアウトされていますが、ご覧になりますか？」

メールの交信記録は一カ月ぐらい前から始まり、多数回にわたっていた。そのうちのいくつかを拾ってみると、

【いつもお世話になっております。お約束の助成金給付期日が過ぎていますが、どうして助成金が支払われないのでしょうか。田川先生に振り込んだ金額があまりにも多額になりすぎ、主人にばれて叱られてしまいました。助成金の金額が多少減額されてもいたしかたないので、全額について至急返還いただければ幸いです。また、米ドルの方も、とっくに一万二千ドル分振り込んでありますので、米ドルの現金をなるべく早く用意してください】

【助成金は用意できていますので一両日中に振り込まれます】

【きょう、五万円が振り込まれていましたが、どういうことでしょうか。私は、これまでの分全額

の助成金と元金、それから米ドルを支払ってほしいとお願いしたつもりです。振り込まれた五万円はどういう性質のお金なのか教えてくださいさい。主人は、私がだまされているのではないかといっています。早く返してくださらないと、弁護士か警察に相談するといっています】

【少々手違いがあったようで申し訳ありません。ただ、これまでに助成金の元金がもどらなかったことは一度もありませんので、安心して待っていてください。米ドルは、私の子どもが怪我をしてしまい、まだ受け取りにいけていません。来週になれば、少し時間が取れるので受け取れると思います。助成金も米ドルも、小柳さんをだましているということはありません。安心してください】

それから二〇日間ほどの間に、田川さんと小柳さんの間で十数回メールのやりとりがなされている。そして小柳さんの母親から田川さんに向け、

【きょう、三五万六五〇〇円受け取りました。一体どういうことでしょう。あす、弁護士に相談のうえ、大学側にも申し入れます】

というメールが送られているが、その後三日間七回に分け、田川さんから小柳さん宛てに、総額七〇九万三五〇〇円が振り込まれ、小柳さんが田川さんに預けたお金の元本はすべて返還された。しかし、これでは、助成金はおりず、米ドルに換金する話は消えてしまったということになる。

遠藤教授は困ったような顔をして話し始めた。

「おわかりでしょうか。わたくしども大学側としましては、このような不始末をした田川先生の処遇につき何度か緊急理事会を開き、懲戒解雇にするのが相当ではないかという意見が大勢を占めています。だいたい、田川先生は、大学側から出した質問状に返事も出してこないんです。ご存じでしょうか……。そうですか、小柳さんから委任されたという弁護士さんは、助成金の募集に関するメール、その他証拠はすべてそろっているので、田川先生を訴えるとおっしゃっています。大学側として、放置できないことはおわかりいただけますよね。私どもは、教員と学生との間で金銭の授受（やりとり）をすることを禁じています。例えば、コンパの会費などであったとしても、教員の個人名義の口座に振り込むなどもってのほかです。ほかになにかお聞きになりたいことはありますか？」

「事情はよくわかりました。ただ、こんな事件になる前は、助成金を受け取ることによって、助かっていた学生もいたということでしたよね。大学側で学生から聞き取り調査をなさったということでしたが、ここにあるメール以外で、問題視されているメールもしくは手紙のたぐいはありますか」

「そうですねぇ……、問題視といえばすべてなんですがねぇ……。ゼミ員全員に送った一斉メールは、だいたいこんなところでしょうかねえ」

そういって、そこにあったメールのプリントアウトすべてを伊武木弁護士に差し出した。


【今回は特別です。百万円で一七万円の助成金が受け取れます】

【助成金を五〇万円以上申請した学生は、助成金申請者だけのレセプションに参加できます。次回

レセプションは東大にて、東大医学部院生主催です。助成金を申請して、私と一緒に東大に行きましょう】
【百万円の助成金が可能なかたは、東大教授からアドバイスがもらえます】
【最後のチャンスです】

まるで悪徳商法の誘い文句のような台詞が並んでおり、私はただただ唖然としていた。しかし、伊武木弁護士はすぐ切り返しにかかった。

「私も、田川さんからいろいろ聞いてみたんですが、田川さん自身は、学生相手にビジネスをしていたとか、学生をだまそうとしていたという意識はないようなんですよね……。遠藤先生、田川さんは、小柳さんへの謝罪文でていねいに謝罪したうえ、大学辞職の事実を伝えることによって小柳さんの怒りを解き、大学に迷惑をかけないように処理をしてから退職したいと望んでいます。文政大学としては、小柳さんの怒りを増長して小柳さんが裁判を起こすような事態になり、スキャンダルに巻き込まれるのを懸念なさっているわけですよね。それは、当然なことだと考えます。

しかし、仮に田川さんを懲戒解雇にし、田川さんが大学に対して解雇無効の裁判でも起こしたとすれば、それもまた格好の週刊誌ネタになりますよね。マスコミにスキャンダラスな取りあげられかたをしないように対処したいというのが、大学にとっても田川さんにとっても第一の目的なのではないでしょうか」

「ハハハ……。さすが弁護士さん。そうです、私どもがもっとも心配しているのはその点です。話次第では、田川夕子が大学を訴えることもあり得るってことですね」

「いや、そのような可能性もあるのかなと……。とにかく、大学にとっても田川さんにとってもスキャンダルになるのが一番困るのではないかと考えたものでね……」

その後遠藤教授から、田川夕子というのは本名ではないらしい、田川さんは学歴詐称をしているようだなどの話もあった。私たちは、メールのコピーを受け取り、ひとまず文政大学をあとにした。

帰途、伊武木弁護士は無言で考えていた。そして、これから先どのように進めるか考えたいといい、その日はあえて田川さんに連絡を取らなかった。

V　あと三日

田川さんの処遇を決める理事会まで残すところ三日。

私が事務所に出てパソコンを立ちあげると、田川さんからのメールがあふれ出てきた。昨夜から今朝にかけて待ちきれずに何度もメールを送ったらしい。


【大学内に、今回の件の調査委員会ができたそうです。私のことをいろいろ調べています】

【小柳真美さんの母親にお詫びの手紙を早く書いた方がいいですね】

【大学から連絡があり、あすからの出校停止を言い渡されました。このまま懲戒解雇になるのではないでしょうか。心配で眠れません】

【きょう、遠藤教授と会った結果を大至急知らせてください】

【四年生のゼミ生の親が、私を辞めさせないように嘆願書を書くといっています】

【私が学歴詐称をしているのではないかと疑われている、と知人から連絡が入りました。私は、事情があって本名を名乗っていません。夫が外国人なのでそうなっただけです。そのことによって学歴詐称だと誤解されただけです】

【私が辞表を出したら大学は受け取るでしょうか。その場合、退職金は出ますか】

【諭旨《ゆし》免職にしてもらえるかも知れないといううわさを聞きました。それはどういうことでしょう】

【きょう、事務所にうかがいます。いつなら都合がよいか知らせてください】

【先ほどから事務所に電話をかけていますが、どなたも出ません。事務所は何時からですか】


そこまで読んだところで電話が鳴った。まだ、八時半を少し過ぎたばかり。事務所には私一人だった。

「おはようございます。ああ、事務所は九時からですか」

少し安堵したような田川さんの声が聞こえた。

「いいえ、一〇時からなんですが、私はいつも早めに来て書類の整理をしたり、メールを読んだりしているんです。きのうはすみませんでしたねぇ。ご連絡しようと思っていたんですけど、遠藤先生との話が思ったより長くかかりまして、その後ほかの予定が入っていたので、連絡をする機会を逸してしまいました。伊武木弁護士が参りましたら連絡をさしあげると思いますが、いま、ご自宅ですか?」

田川さんは、しばらく黙っていたが急に早口で話し始めた。

「ええ、メールを読んでいただけましたよね？」

「いま、読んでいたところですよ」

「あの……、きのう、遠藤先生とはお会いになったんですよね。どういう話になったのか早く知りたくて、ええ、昨夜は一睡もできませんでした。きのうのうちにお電話いただけると思っていました」

「申し訳ありません。私から内容についてお話しすることはできませんので、弁護士が参りましたらすぐに連絡します。あっ、ちょっとお待ちください」

私は、一瞬さまざまなことを考えた。田川さんが懲戒免職にならないようにするためには、急がなくてはならないことがたくさんありそうだった。

「田川さん、きょう、うちの事務所にいらっしゃる時間はありますか？　そうですか。それなら一〇時半ごろに事務所にお越しください。その時間なら弁護士の予定も空いていますので」

約束をして、きのう遠藤教授から預かったさまざまなメールなどを整理した。


伊武木弁護士と田川さんは、相前後して事務所に着いた。田川さんは、いつものように汗をたくさんかいていて、寝不足のためか目の回りに隈ができていた。

「田川さん、きのう、遠藤先生と会っていろいろと聞いてきましたよ。田川さんが私たちに話してい

8　田川さんがおこなった行為の非を諭し、本人のための取り計らいとして、懲戒処分に代えて認める辞職。形式上は依願退職。

た内容と多少ニュアンスが異なる部分や、私たちに話してないこともあったようだね。まあ……、だれでもね、話をしているうちに、つい自分に都合のいいように話してしまうものだけどね……。

それで、いろいろ考えたんだけど、田川さんが大学から質問されていることについて弁明書を書いて、ぼくがその弁明書を持って遠藤先生のところに行き、懲戒免職にしないようもう一度交渉してみるという方法しかないかなあと思うんだけどね。きのう、ちょっとジャブを打っておいたけど、このままなら、懲戒免職になる可能性が高いなあ。

田川さんにしてみれば、純粋に学生のためを思ってしたことかもしれないけど、小柳さんのおかあさんが裁判にしようと思えば、それなりに弁護士が構成するだろうから。大学側としては、田川さんに一定の罰を与えて小柳さんの怒りを静め、なんとか裁判にまで発展しないよう必死になっているようだから……。裁判なんかになったら、週刊誌に面白半分に書かれてスキャンダルに発展することも考えられるからね」

「ええ……、えっ……。そしたら週刊誌に私の名前も出るということですか」

「まあ、出る可能性は充分にありますね」

「それは困ります。ええ、子どもも学校でなにかいわれるでしょうし、次の就職にもさしつかえるでしょうし」

「田川さんね……。あなたが困るのと同じように、いやそれ以上に文政大学は困ると思いますよ。それこそ、週刊誌の記事は事実の何倍にも広がって書かれることがありますからね。来年度の入学志願者数にも影響が出ると思います。だから、なんとかして小柳さんの怒りを静めようと必死なんですよ。

小柳さんへは謝罪文を、大学には反省文を今日中に書いてくだされば、今夕、もしくは、あす、私がもう一度遠藤先生と会って説得してみますよ」

「きょう、ここで書いてもいいですか？　いま、パソコンも持っていますし」

「ああ、そうねえ。その方が内容のチェックも簡単だしね。いいですよ、奥の小会議室を使ったら」

伊武木弁護士は、謝罪文や弁明書の要旨につき、田川さんと私に伝え、

「田川さん、できたらまず平野さんに見てもらってね。私は書かなくてはいけない書面がたまっているので。平野さん、最終的に『これでいい』と思ったら声をかけてね」

といい、自分の席にもどった。田川さんは、一回だけ汗だくの顔でトイレに立った以外、三時間近く、昼食休憩もとらずに部屋にこもっていた。しかし、できあがった文章は稚拙で、そのまま使えるようなものではなかった。私は、田川さんと話し合いながら文章を整えていき、結局、伊武木弁護士の了解が取れたのは午後三時を過ぎていた。

文政学園　理事長　殿
文政大学　学　長　殿

弁　明　書

経済学部教授　田川夕子

今回の助成金について、担当の遠藤教授より、疎明資料を提出するよう指示を受けておりましたが、回答が遅れましたこと、心よりお詫び申しあげます。また、学生のためを思ったこととはいえ、私が大学に相談なく、大学という教育現場で金銭の授受をおこない、そのことにより混乱を招いた点について反省しております。

さて、疎明資料の第一についてですが、私の代理人弁護士に詳細な事情を説明いたしましたが、提出できるような資料は一切ございません。私が、助成金の資料にもとづいてその存在を信用したわけではなく、東京大学の研究会で知り合った山田一郎氏（東蛍会理事）の言を信じ、少しでも学生のためになりたいと考えおこなってきた行為です。通常、学生を経済的に援助するための奨学金制度にはきちんとした資料が用意されているということ、また、応募資格なども決められていること、助成金という名の援助金はほぼ存在しないことについては、伊武木弁護士から聞いてはじめて知りました。世間知らずだと非難されるのであれば大変恥ずかしいことですが、甘んじてお受けするしかないと思います。山田一郎氏の名刺は、伊武木弁護士にお預けしてありますので、ご覧になってください。

次に、私の通帳の写しを提出せよとの指示につきましては、その口座は、私が唯一持っている普通預金口座であり、その通帳を開示すれば私のプライベートな生活がすべて明らかになってしまうものですので、その開示については、どうかご容赦いただきたくお願い申しあげます。

私は、責任を取って退職したいと考えております。辞表を受理していただければ幸いです。

以上

小柳さんに対する謝罪文も、同じようにまず事情を説明し、迷惑をかけたことを深く詫びるとともに、責任を取る意味で辞職するという内容のものとした。

「まあ、この書面と謝罪文を持って遠藤教授にもう一度会いましょう。ただし、結論は金曜日の理事会決定があるまでわかりませんからね……、何度もメールをいただいたり、電話をいただいたりしても、お答えはできませんよ」

早急に作成しなければならない書面に取り組んでいた伊武木弁護士は不機嫌だった。私は、田川さんが一回り小さくなったように感じ、

「心配な気持ちはわかりますが、とにかく最善を尽くしますので、こちらから連絡をするまで待っていてくださいね。決定事項がわかるのは三日後です。わかり次第すぐに連絡しますから……。心配すればいい結果が出るというわけではないので、少し身体も心も休ませてくださいね。だいぶお疲れのようですから」

と、田川さんの背中に手を置いて声をかけた。私にとっては涼しい事務所だが、田川さんの背中は汗でびっしょりと濡れていた。

次の日の夕方、伊武木弁護士と私は、遠藤教授に会うため、再度文政大学に向かった。その日も暑

い日で、夕立を予想させるような雷が鳴っていた。

伊武木弁護士は、田川さんが署名した弁明書と謝罪文を遠藤教授に渡し、田川さんは社会常識からはずれた行動をとったことについて非常に反省しているということ、しかし、決して学生をだまして自身の利益を得ようとしたのではないことを重ねて説明した。また小柳さんへの謝罪文は、遠藤教授が預かりたいと希望したため遠藤教授に渡した。そして、必要であれば、伊武木弁護士が小柳さんの代理人弁護士と話をしてみてもいいと伝えた。

さらに、田川さんを懲戒解雇にした場合、田川さんが大学を相手方として解雇無効の裁判を起こすことを制することができるかどうかの責任は持てないと付け加えた。

説明を黙って聞いていた遠藤教授からは、

「伊武木先生は、田川先生が本当に善意でしていたことだと信じておられますか?」

という質問だけがなされた。伊武木弁護士は、

「弁護士は、依頼者のいうことを信じなければ仕事はできません」

と自分自身に言い聞かせるように答えた。

Ⅵ　消えた!

金曜日の理事会で、田川さんには「諭旨免職」の決定がくだされた。田川さんに電話で知らせ、事務所に来てもらうことにした。午後八時を少し回ったころ、憔悴した表情の田川さんがやってきた。

私は、もう少し明るい表情になっていると思っていたのだが……。

伊武木弁護士が、諭旨免職について正確に説明をした。

「とりあえず、田川さんが希望したとおりになりましたね。小柳さんの代理人は、あれで納得したそうです。もちろん、履歴書には『自己都合退職』と書いていいんですよ。離職証明をもらってハローワークの手続もできるし、退職金も規定どおり出るそうです。依頼された事項は、すべて完了したということですね」

「ええ、ありがとうございました……」

「ほかになにか聞いておきたいことありますか?」

「ええ……、いえ、ありません」

「では、これで終了したということで、報酬請求をさせていただいてよろしいですね」

「ええ、もちろんです。きょう請求書をくだされば、あしたには振り込みます。パソコンで振り込めばすぐですから……」

「ハハハ、そんなに急がなくても……。きょうは経理がもう帰ってしまったので、あすにでも請求書を作って送りますよ。それを見て振り込んでください。田川さんに依頼された事項は百パーセント終了したということで、お約束どおりの報酬を請求させていただきます」

田川さんは、すぐに払いますと何度もいいながら、帰っていった。

次の日、経理係が請求書を作成し田川さんに郵送したが、一週間経っても入金はなかった。私は、田川さんにメールを送ってみた。

【請求書を送らせていただきましたが、届いていますか?】

【いいえ、まだ受け取っていません。どうしたのでしょうねえ。メールに添付して送っていただけますか?】

【了解しました】

【よろしくお願いします。すぐに送金します】


私は、メールに添付して請求書を送った。しかし、それから九日経っても入金がなかった。どうしようかと迷ったが、私は、田川さんに電話をしてみた。

「申し訳ありません。なんだかパソコンの調子が悪くて送金ができないので、銀行へ行こうと思ったんですけど、子どもが熱を出しまして……。ええ、もうだいぶよくなりました。あしたかあさってまでには送金できると思いますので、もう少し待ってください」

私は、どこかで聞いたことがあるような会話だと思い始めた。そうだ、田川さんと小柳さんの会話やメールのやりとりと似ている。ええっ、大丈夫かなと不安を感じた。

それから何度かメールのやりとりをしたが、私からのメールに対する返事が来なくなり、やがて電話にも応答しなくなった。

「伊武木先生、田川さんと連絡が取れなくなってしまいました。入金もありません」

「本当？　ぼくたちもだまされちゃったのかなあ、ハハハハ……」

「彼女の自宅はそれほど遠くないので、ちょっと見にいってきましょうか」

「そこまでしなくてもいいよ。払う気がないんでしょ。ヤミ金じゃあるまいし、取り立てになんか行かなくていいよ」

「でも先生、私は個人的に興味があります。別に取り立てたりしません。ぜひ自宅の場所を確認してみたいと思うのですが……、いけませんか？」

伊武木弁護士は、笑いながら許可を出してくれた。

田川さんの住所地はすぐに探し当てることができた。しかし、そこは「空き部屋あり」という看板が出ているワンルームらしき古びたマンションで、どうみても家族が暮らせるような広さとは思えなかった。郵便受けを見ていくと、ある部屋に「山田」「田川」「小澤」などなど、七つの苗字が記されていた。ここが、田川さんが私たちに告げた現住所……、いや、本当はここが「本部」だったのだ。

さまざまな憶測が頭のなかをめぐった。虚しく重苦しい疲れが、田川さんの汗のように、私の身体にべったりとまとわりつき、気分が悪くなり、その場にへたり込んだ。

田川さんは消えた。もちろん、連絡も入金もない。

第2章　犬も美容整形？

最近は美容整形が一般的になり、割と気楽に美容整形をする人が増えているようだ。女性のみならず男性も、就職活動を前に美容整形や脱毛をするなどして、少しでもイメージをよくしたいと考えるらしい。

しかし、いくらなんでも犬が美容整形したという話は、まだ聞いたことはない……。

I　大河内巌氏の死亡と相続開始[1]

伊武木弁護士の先輩で、数年前まで弁護士として働いていた大河内《おおこうち》巌《いわお》氏が、八二歳で亡くなり、

1　被相続人（ここでは大河内巌氏）の死亡を原因として相続が開始する（民法882条）。大河内巌氏の死亡を原因として、その財産は相続権のある者に分配されることになるが、そのような状況を相続開始という。

その相続事件の依頼を引き受けることになった。伊武木弁護士も九人きょうだいという子だくさんの家庭に育ったが、大河内弁護士が一〇人きょうだいだということは生前から聞いており、互いにきょうだいが多いことから起こったおもしろい出来事や困ったもめごとなどにつき、よく話をしたそうだ。

その巌氏の弟だという、剛史《つよし》氏から電話がかかってきた。

「兄貴の四九日が終わって一段落したんで、そろそろ相続のことをやらなきゃならないなあって話になったんですが、兄貴が、なにかあったら伊武木先生に頼むようにってね……。いつもそういってたんで電話しました。四九日のときに、きょうだいたちが集まって話をしたんですけどね、なんたって、あたしたちは一〇人もきょうだいがいて、そのうち生きてるのは四人で、結婚しないうちに死んじゃったのもいるし、結婚して子どもが何人もいるけど本人はもうこの世にいないっていうのもいるし、もうなにがなんだかわからなくてね。とにかく、兄貴が伊武木先生に頼むようにいってたんだから、伊武木先生になんとかしてもらうしかないだろうってことになりましてね……。あたしたちゃ素人で、どうしていいかわからないから……、えっ、あたしですか？　あたしは一番したで今年七〇歳ですよ。よろしくお願いします」

と、さも簡単なことを頼むかのように話した。一度事務所に来てもらうことにした。

約束の日、剛史氏は、下町の名物だというおまんじゅうを手みやげに持ってきてくれた。剛史氏は、背は低いが太っていて、短く刈り込んだごま塩頭に赤ら顔、ハチマキにはっぴ姿で御輿でも担いだら、ぴったり収まってしまうような感じの人だった。伊武木弁護士とはもちろん初対面だった。伊武木弁

護士が、

「私が弁護士になりたてのころは、亡くなられた大河内先生には大変親切に指導していただきましてね、心から感謝しています。亡くなられたことは残念ですが、苦しまずに亡くなられたということを聞いて、その点だけは本当によかったと考えていました」

と言い終わるか終わらないかのうちに、剛史氏は話を始めた。剛史氏は早口で止めどなく話し続け、途中で口を挟むチャンスを狙うのが難しいほどだった。剛史氏の話は、ざっと次のようなものだった。

故大河内巌氏は、一〇人きょうだいの四番目に産まれ、三人の兄と二人の弟、そして四人の妹という大家族のなかで育った。家業は木場の材木問屋だったが、長男が家業を継ぎ、四男の巌氏は法律家になりたいと志し、八〇歳近くまで弁護士業を営んでいた。

巌氏は三一歳で結婚したが、夫婦の間に子はなく、病弱だった妻は巌氏が四三歳のときに死亡した。その後、巌氏が結婚することはなかったが、妻が死亡して数年ほど経ったころから、山下千代さんという、巌氏より少し年下の女性と生活をともにするようになった。千代さんとの間にも子はない。[2] 剛史氏は、千代さんのことに話が及ぶと、それまでにくらべより饒舌になった。

「千代さんはよくできた付き合い上手な人でね、兄貴のきょうだいや甥・姪たちにも平等に気を配って本当に上手に親戚づきあいをしていましたよ。千代さんがそんな人だったので、兄貴の家には親戚がよく集まってねえ……。入籍こそしていなかったものの、親戚のだれからも兄貴の本当の女房とし

2　仮に、大河内巌氏に妻と子があれば、それらの者がすべての財産を相続する（民法887条、同890条）ので、大河内巌氏のきょうだいには相続権がない。

て扱われていて、千代さんがいてくれたからこそ、大河内家のたくさんの親戚がみんな仲良くしてこられたんだって……、葬式のときも、みんながそういっていってましたっけ。

千代さんは葬式のときも、自分は正式な奥さんじゃないから表には出ない方がいいっていってね。みんなは喪主の席に座るように勧めたんですよ。戸籍なんかどうだっていいじゃないか、大河内千代って、みんなそう思っているんだからって……。でもね、『ご親戚のみなさまがただけならまだしも、先生が仕事仲間に私のことをどう話していたかわからないし、どなたがお見えになるのかもわからないので、先生の顔に泥を塗るようなことになってもいけないから』っていってね……、ずっと裏方に徹していたんですよ。あれだけ、周りへの気遣いができる人は珍しいっていうんで、余計に株があがっちゃってね。

相続のことを話したときも、まるで人ごとのように話の輪に入らないで、お茶を出したりしながら動き回っているんで、一緒に考えようっていったんですけどね。千代さんは、『私は、先生の財産を相続する立場[3]にはありませんから、みなさんで決めてください』ってね。全然、欲ってものがないんですかねぇ」

伊武木弁護士は、千代さんのことを止めどもなくほめ続けている剛史氏の話に、いつ割り込もうかと機会を狙っていたが、うまくいかずイライラしているようだった。私も、次の予定までに話が終わるだろうかと考え、どうしても待ちきれなくなり、剛史氏の話に割って入ってしまった。

「剛史さん、剛史さん……。まあ、お茶でも召しあがってください。千代さんって本当にいいかたなんですねえ。そういうかたと一緒に暮らしていらしたお兄さまは幸せでしたね。今度は少し、きょう相談にみえた相続に関係するかたたちのお話を聞かせてくださいませんか」

いつも私が依頼者の愚痴や事情など些細なことまで話を聞き、伊武木弁護士は法律的主張をおもに聞いていくのだが、このときだけは伊武木弁護士と私の立場が逆転し、伊武木弁護士はニヤッと笑って私を見た。

私は、とりあえず、一〇人のきょうだいについて、一番うえから順番に、性別や生存しているのか否かなどについて簡単に説明してくれるよう頼んだ。そして、剛史氏の話を聞きながらメモをしていたが、途中でなにがなんだかわからなくなってしまった。

「えーと、一番うえは男……。でも長男は死にました。長男の子どもは一番うえがあたしと同い年《どし》なんですよ。子どももったって、もう爺さんですけどねえ。その子どもを頭《かしら》に全部で四人いたけど、何番目だったかが去年死んでね。でもね、兄貴は幸せ者ですよ。孫を一〇人以上抱いたんだからね……。

えっ、次ですか、次も男なんですが、その二男とあたしとはどうも馬が合わなくてネエ……。なにかってぇとすぐにケンカなんですよ。悪いヤツじゃないんですけどね。あたしと年が二〇近く離れていたせいか、口うるさくいろいろいうんですよ。こっちも気が短いから言い返すと、小さいころはすぐに殴られてねぇ……。だからでしょうかねぇ、大人になっても仲が悪くてほとんど付き合いがなくて……、まぁ、もう死んじまった者をあまり悪くいうのもよかないなぁ……。えっ、子どもですか、

3　原則として千代さんは法定相続人にはあたらないが、千代さんのような内縁関係でも、特別縁故者（民法958条の3）として財産分与が認められた判例もある。

いますよ。何人だったかなぁ。いやぁ、子どもも親に似てあたしと性格が合わなくてね。だから一切付き合いはないんですよ。

さぁ、あの兄貴の子どもは何人だったっけなぁ。そういえば、その兄貴の子どものうち一人が何年か前に酒飲んで交通事故をやって歩行者を死なせちゃってね。交通事故でもあんなことがあるんですかねえ……、刑務所に入れられたらしいんですよ。まあ、悪いヤツだったからなあ。前科がついたってあたしのすぐうえの兄貴がいってましたっけ……。交通事故でも前科がついて、刑務所に入れられちゃったりするんですねぇー、驚きましたよ。いまは時代が変わったってことですね……」

こんな調子で、脱線しながらさまざまな話をする剛史氏から、これ以上話を聞いてみても、相続の手がかりとしての概略を知るためには意味がないことだと感じた。伊武木弁護士の方を見ると、伊武木弁護士がうなずいてみせたので、私は、

「剛史さん、ねぇ、剛史さん……。あの、大変申し訳ないんですが、きょうは一時間半ほどしか予定を空けておりません……。このあと裁判所に行かなくてはならないんです。ごきょうだいが多いようですし、剛史さんは、亡くなったごきょうだいのお子さんのことまで正確にご存じではないようですので、よろしければ、こちらで戸籍謄本類を取らせていただいて、大河内巌さんの相続人関係図を作ることにしますが、いかがでしょうか。剛史さんから委任状をちょうだいできれば、うちの事務所で相続人がどこに何人いらっしゃって、法定相続分がどのくらいになるかを正確に調べることができますが、そのようにいたしましょうか?」

と声をかけた。

「そうですか。その点はそうしてもらった方がいいでしょうねえ。あたしには相続分なんてわかんないし、どこにだれがいるのかもよく知らないしね……」

といいながらも、剛史氏は、まだ話したそうにして、

「生きてるきょうだいだけがもらえるんだっていう人と、きょうだいがあの世に逝っちゃっている場合はその子どもがもらえるんだっていう人がいて、なにが本当かわからないですが、そのへんはどうなんでしょうかねぇ」

「あのね、ごきょうだい自身は亡くなっていても、そのお子さんがいらっしゃれば、お子さんが相続できるんですよ、代襲《だいしゅう》相続[5]っていってね。たまに相続人関係図を作成すると、とんでもないところに認知した子どもがいたりすることもあるんでね、夫婦間のことだけでなく産まれてからこれまでの戸籍を一人ずつ洗い出していくんですよ。だから、結婚しないうちに亡くなった三番目のお兄さん、このお兄さんの場合もとりあえず認知した子どもがいないかどうか戸籍を遡って調べないとね。ずいぶん大人数の関係図になりそうですね」

「へえー、三番目の兄貴のことならそんなことしなくてもいいですよ。どうしようもない堅物で……。どう考えたって認知した子どもなんているはずありませんよ」

4　どのような関係の相続人が、どこに何人いて、それぞれの法定相続分の割合がどの程度になるかを示した関係図。
5　被相続人の子が相続開始前に死亡などで相続権を失ったとき、その者の子どもが相続する（民法887条2項・3項、889条1項2号、同条2項）。

「いえね、お兄さんがどんな堅物だったとしても、とにかく全部調査をしないと銀行なんかの手続が進められないんですよ。きっとすごい量の戸籍謄本のたぐいを取り寄せないとなりませんね。その準備をするだけでも一カ月以上はかかると思います。それから、大河内先生の相続財産がどういう形でどのくらいあるかも調べないとなりませんしね。大河内先生の財産関係は、千代さんに聞けば知っているのかな。それともどこかの銀行の貸金庫にでも一覧表があるのかな……。とにかく、一度千代さんに会ってみることにしましょうね。千代さんの連絡先だけでもおわかりだったらお聞きしておきましょうかねえ……」

といった伊武木弁護士に、私は、

「伊武木先生、これだけの相続人関係図を作るとなれば、実費が相当かかると思いますが、お預かりしないでお引き受けしてよろしいですか？」

とたずねると、

「そうねぇ、剛史さん。普通はね、こういうことは頼まれたときに実費と着手金をいただくんですがね。相続財産の額もわからないし、相続人の人数もわからないし、う〜ん、どうしようかなあ。うちの事務所でも謄本を取り寄せるのに費用がかかるでしょ。特に今回の場合は大人数だしね。このままだと立て替えて調査をすることになりますからねぇ。実費分としてとりあえず五万円ぐらい預からせてもらいましょうかねぇ」

剛史氏はあわてたように、

「あたしがですか。それは困りますよ。財産をもらう人全員から平等にもらってくれないと困りますよ。伊武木先生は兄貴の弟子だったんでしょ、そこんとこなんとか考えて、きょうのところは……」

伊武木弁護士は笑いながら、

「剛史さんは、ごきょうだいやそのお子さんがたから頼まれて、代表として私に依頼しにいらしたと……、そういうことですね。ごきょうだいやそのお子さんがたから私が委任され、相続財産を分けられるように関係を明らかにしてほしいと……」

「ええ、そうです、そうです。みんな、伊武木先生なら法律どおり平等に分けてくれるからって……。それで、あたしが代表で来たんですから」

「それなら、まあ実費は立て替えておきましょうね。とにかく相続人と法定相続分の特定をして、みなさんに集まっていただいたあとで、実費の分担や手数料のことなども決めていきましょう。でも、それより……、お兄さん、いや、大河内先生が、生前、遺言書を書いていたということはありませんか？　遺言書があれば、少々事情が変わってきますのでね……。そのあたりも千代さんに聞けばわかるでしょうかねえ」

「ええ、そうしてください。あたしに費用っていわれてもねえ……。あっ、そうそう、これが千代さんの連絡先ですので、千代さんにいろいろ事情を聞きながら進めてください。千代さんは、伊武木先生のことも兄貴から聞いていてよくわかっていますから……、よろしくお願いします」

剛史氏は、先ほどまでとはうってかわって、これ以上なにか話しかけられたら困るとでもいうかのように、急いで帰っていった。

早速、相続人関係図を作成すべく準備に取りかかった。

Ⅱ　山下千代さん

巌氏は、人をたくさん集めて、賑やかにお酒を飲んだり食事をしたりするのが大好きで、たびたび、親戚の人たちや友人を自宅に呼んで楽しんでおり、そんなとき、千代さんは、「奥さん」と呼ばれていたそうだ。巌氏の周辺の人たちは、戸籍上のことなど頓着せず二人を夫婦として認めていたのだろう。

伊武木弁護士と私は、千代さんに連絡を取り、都合を聞いたうえで故大河内巌氏の自宅を訪ねた。二人が住んでいた家は、東京都心にありながら緑の多い地区にあり、こじんまりしているが手入れの行き届いた日本家屋だった。玄関には水が打ってあり、通された和室からは美しい庭が見え、襖を開けはなてば、となりの部屋と合わせてかなりの広さになるのだろうと容易に想像することができた。おそらく、ここに多くの人が集《つど》ったのだろう。

大島紬《つむぎ》を身にまとった千代さんは、想像していたとおり物静かで品がよく、ひそやかに咲くリンドウを思わせるような女性だった。伊武木弁護士と私は仏前に線香をあげ、勧められるままに座った。

席をはずした千代さんが、お茶を乗せたお盆を持って部屋に入ってくると、そのあとから薄茶色でやや大型の犬が、ご主人様にしたがうかのようについてきた。

「申し訳ありませんねえ。大河内が亡くなりましてから家のなかが寂しくなりましてね、以前は庭においていたんですが、いまは家にあげてしまって、犬のことばかりかまっているので、どこにでもついてくるようになってしまいまして……。チロ、あっちへ行ってなさい」

千代さんがそういって指さしても、チロと呼ばれたその犬は、「ここにいてもいいでしょ」といわんばかりにその場に伏せてしまい、千代さんを上目遣いに見た。伊武木弁護士が、千代さんに向かっていった。

「おとなしいですね。そこにいたっていいですよ」

「そうですか。それではお言葉に甘えさせていただきまして……。大河内も犬が大好きで、友人から生まれたばかりの子犬をもらってきましてね、自分の子どものように可愛がって育ててきたんですよ……。ええ、雑種です……。チロが家族になってから一〇年以上経ちますでしょうかねえ」

伊武木弁護士は故大河内氏との思い出話を少しばかりしたあと、亡くなったときのことを千代さんにたずねた、

「大河内の八二歳の誕生日を祝ってからちょうど一カ月後でした。珍しく、夕方から私を赤坂の馴染みの料亭に連れていってくれましてね。芸者さんをあげて楽しくお酒とお食事をいただき、帰宅して休んだのですが、次の日の朝、脳梗塞でほとんど苦しまずに亡くなりました。救急車の到着とほぼ同時でした……。幸せな亡くなりかただったと思います。いつも『ぽっくり逝きたいなあ』と申しておりましたから……。私には、最後に楽しい思い出を作ってくれました」

そういいながら、千代さんは目の縁をうっすら赤く染めていた。伊武木弁護士が口を開き、

「早速ですが、きょうは、うちの平野がお電話で説明させていただきましたとおり、大河内先生の相続の件でうかがいました。千代さんは戸籍上大河内先生の奥さまではないということですね。つまり、法律上は相続人ではないということになります。しかし、先日、大河内先生の一番したの弟さん……。

そうそう剛史さんが事務所に見えたとき、千代さんのことを大層ほめていらして、親戚のかたがたも千代さんのことを『大河内先生の奥さま』だと認めていらっしゃるということでしたが、大河内先生からなにか遺言書のようなものを預かっているということはありませんでしたか?」

とたずねた。千代さんは、

「なにが入っているのか存じませんが、『なにかあったら、伊武木先生に渡して、よろしく取りはからっていただくように』と大河内から申しつかっている封筒がございます……。ただいま持ってまいりますので、少しお待ちくださいませ」

と席を立った。千代さんは、すぐに廊下との境にある襖を閉めたので、立ちあがろうとしたチロは再び同じ場所に伏せた。私は、「チロ」と呼んでみたが、チロは「知らない人とは遊びません」とでもいいたげに、チラッと私を見ただけで動こうとせず、おとなしく伏せていた。しっぽの先が少しだけ白いのが印象的だった。千代さんは、しばらくして大きめの封筒を大切そうに抱えてもどってきた。

「主人が…、いえ、大河内が、自分になにかがあったら、この封筒を伊武木先生に見ていただき、伊武木先生のご判断を仰ぐようにと申しておりました。銀行の金庫に入れてありましたが、きょう、伊武木先生がお見えになるというので用意しておきました」

「そうですか、わかりました。平野さん、この封筒をここで開けて、なかになにが入っているのか確認してみて……」

伊武木弁護士は、そのように指示をした。

私は、緊張しながら厚ぼったい封筒にハサミを入れた。なかにはやや小さめの封筒が二つ入っており、一つは伊武木弁護士宛てで、もう一つは千代さん宛てのものだった。[6]
伊武木弁護士は、その場で自身宛の封筒を開け中身を確認した。中身は、手紙と資産目録だった。手紙には、故大河内巌氏の自筆で、おおよそ次のようなことが記載されていた。

一　私が死亡した場合には、法定相続分どおりに相続手続をおこなってほしい。手数料は一般依頼者と同一基準で各相続人に請求してほしい。
二　千代さんは相続人ではないが、私が長年愛用していた万年筆を形見として与え、千代さんが望むのであれば分骨をしてほしい。千代さんを受取人とした生命保険に加入しており、保険金額は千代さんが余生を送るのに充分だと考えているが、千代さんには身寄りがないので、なにか困ったことがあったら、ぜひ相談に乗ってやってほしい。

また資産目録には、最近一〇年ほどの資産の推移がわかるよう、年度ごとに、銀行・支店名・預金の種類・口座番号など、また有価証券についても詳細に記載されていた。同封されていた不動産の謄本などによれば、巌氏と千代さんが暮らしていた住居は大河内巌氏の単独名義であった。

6　この文書は法律で定める遺言書ではなかった（民法９６０条）。自分で作成した遺言書には、遺言者がその全文、日付および氏名を自分で書き、これに印を押すことになる（民法９６８条）。そして、これを家庭裁判所に提出して検認を受ける（民法１００４条）。

伊武木弁護士は、千代さんにも封筒を開けてみるよう促したが、千代さんは一人になってからゆっくりと開封したいとのことだった。いずれにせよ、千代さん宛ての封筒のなかには、私的な手紙と、生命保険証書が入っているのだろうことは容易に想像できた。

伊武木弁護士は、

「千代さん、これから相続の手続に入ります。大河内先生は、千代さんに大河内先生が愛用していた万年筆を形見としてあげてほしいと私宛ての手紙に書いていらっしゃいますよ……。それから、千代さんが望むのであれば分骨をするようにと……。そういえばご仏壇にまだお骨がありましたね。ああ、そうですか、一回忌が終わってから納骨する……、そうですか、千代さんも一人になって寂しいですからね……。

あとは、保険金受取人を千代さんに指定してあるようですから、千代さん宛ての封筒を開ければ、その内容がわかると思います。とはいっても、先ほど申しあげたように、ご親戚のかたはみなさん、千代さんのことを奥さまだと認めておられますし、千代さんに感謝の気持ちをお持ちでいらっしゃるようですから、なにかご希望があれば遠慮なくおっしゃってください。千代さんの希望を相続人のかたがたに図ってみるようにしたいと思いますので……。例えば万年筆以外でなにか思い出の遺品がほしいとか……、ゆっくりと考えてみてください。きょうはこれで失礼しますが、また連絡をします」

そういって立ちあがった。千代さんは、

「ありがとうございます、考えてみます」

とだけいい、玄関で私たちを見送った。薄茶色のチロものっそりと起きあがり、ほかの人は目に入らないかのように千代さんのうしろにしたがっていた。私は忠犬ハチ公を思い出した。

Ⅲ 相続人と法定相続分の確定

いぶき法律事務所では、担当者が、相続人関係図を作成するのに必死になっていた。だれが法定相続人なのかを確定するために、まず、被相続人である故大河内巌氏の除籍謄本[7]を取得する。その除籍謄本が改製後の謄本だった場合は、改製原戸籍謄本[8]を取得する。転籍している場合には、その前、その前と遡り、被相続人の出生時の除籍謄本まで取得していく。被相続人に、前妻との間の子や、認知した子がいるようなことがあれば、その過程で明らかになる。故大河内巌氏の子どもがいることがわかれば、被相続財産はすべてその子どもが相続することになるので、調査はそこで完了する。しかし、故大河内巌氏の場合、出生時にまで遡っても子がないことがわかったので調査は次の段階に入った。

故大河内巌氏の場合、その年齢からしてあり得ないともいえるが、両親[9]が存命か否か両親の最後の除籍謄本を取得する必要がある。これはさらにあり得ないことだが、故大河内巌氏の祖父母[10]が存命か

7 死亡などによりその戸籍に記載されている者がのぞかれた場合、その戸籍謄本が除籍謄本になる。
8 法律の改正にともなって新しく戸籍が作り直された場合の、従前の戸籍のこと。
9 故大河内巌氏のケースでは、両親のいずれかが存命していれば相続人となる（民法８８９条１項１号）。
10 仮に祖父母が存命していれば、祖父母に相続権がある（民法８８９条１項１号）。

否かも調べる必要がある。
以上の調査を経て、故大河内巌氏の場合には、両親も祖父母も死亡していることが明らかになった。ここではじめて、巌氏のきょうだい[11]を調査することになる。その方法だが、巌氏の両親の除籍謄本などを、巌氏の両親がそれぞれ一〇歳だったころまで（つまり子どもを作る、もしくは、産む可能性がある時期まで）遡って取得し、巌氏のきょうだいが何人いるのかを確定する。

フーッ、このへんまでで、かなりの量の謄本類が集まった。でもゴールはまだまだ先！

次に、きょうだいの出生時から調査時までの戸籍謄本を取得する。出生時の本籍から転籍していない人はほとんどいないので、巌氏のようにたくさんのきょうだいがいる場合、非常に手間がかかる。また、きょうだいが死亡している場合には、きょうだいの子が代襲相続人となるため[12]、きょうだいの子の戸籍謄本を取得する。きょうだいの子が死亡していた場合、きょうだいの孫には相続権はない。

故大河内巌氏は、配偶者と子がなく、そしてきょうだいが多かったため、果てしなく長いあみだくじをたどっていくかのような作業を繰り返し、ようやく法定相続人にたどり着いた。「相続人関係図」は次ページのとおりになった。

Ⅳ　分割手続

仮に被相続人の被相続財産が、すべて預貯金など金融資産であったとすれば、それを法定相続分で

【相続人関係図】

実物には、実名・本籍・住所・生年月日などが記載されている。本文中に名前が出てくる人だけ相続人関係図に名前を記載した。また、大河内巌氏の相続に関係する人の中で死亡した人には●を、生存している人には○を付けてある。括弧内は相続分。

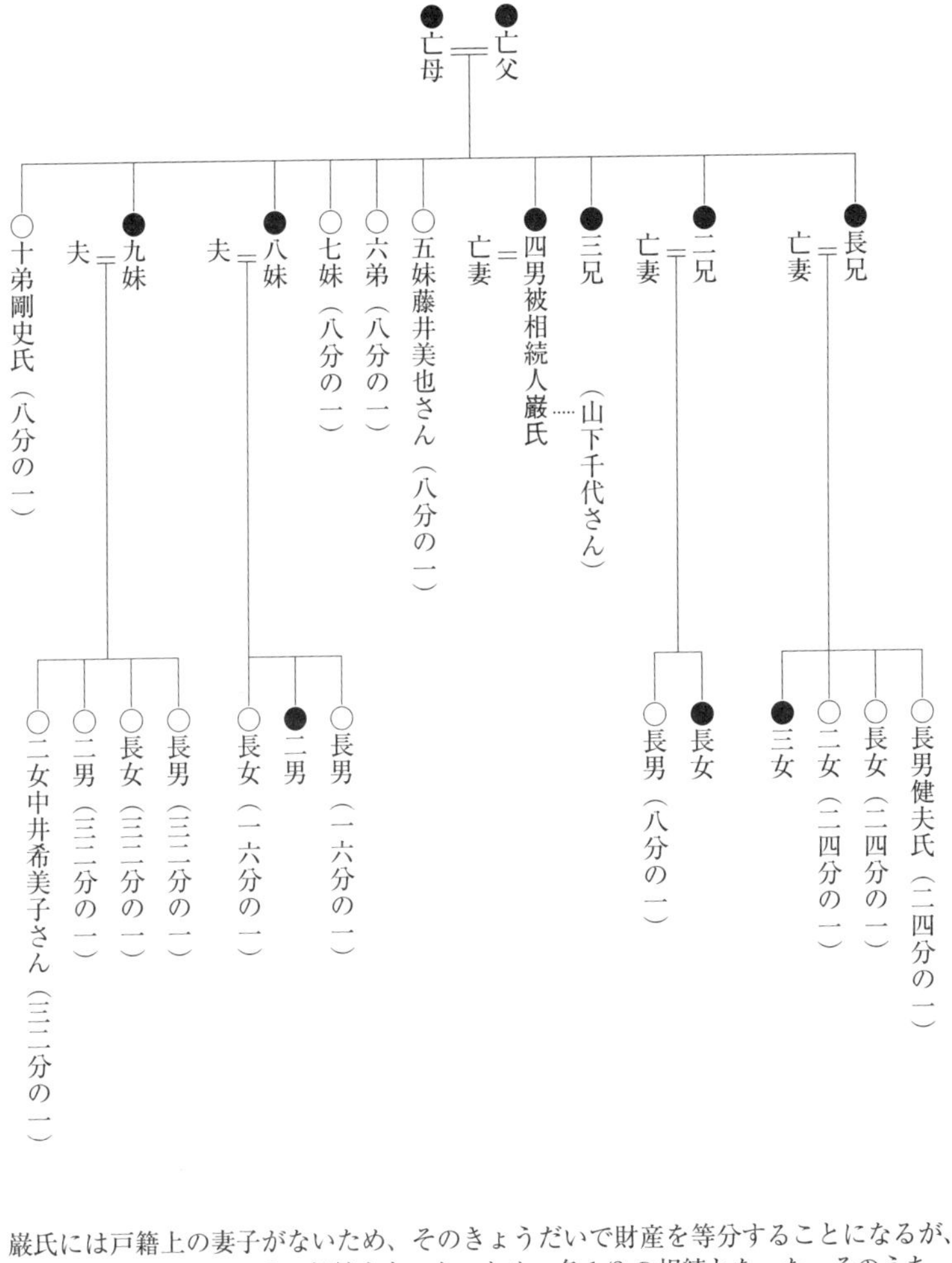

巌氏には戸籍上の妻子がないため、そのきょうだいで財産を等分することになるが、三兄は亡くなっていてその相続人もいないため、各1/8の相続となった。そのうち、すでに亡くなっていて相続人がいる場合（長兄、二兄、八妹、九妹）は、その代襲相続人で等分することになるので、例えば建夫氏の場合は1/24の相続となる。

分割すればいいのだから話は割と簡単である。とはいえ、人間はみな相続人の立場に立つと欲深く考えるようになるもので、金融資産についてもさまざまな場面に遭遇した。例えば預金のなかにドル定期預金が交じっていたような場合、

「いまはドルが安いからもう少し高くなるまで解約するのは待った方がいいよ」

「そんな……。ごちゃごちゃいわずに、早く解約手続をして分割すればいいじゃないか」

「どっちにしても解約すると利率が悪くなるから満期まで待とう」

「満期まで一年もあるじゃないか。相続税の支払期限にまにあわないよ」

「私は海外に行くことが多いから、できるならドル預金のまま相続したいわ」

などと、ほんのわずかなことも紛争の種になる。


故大河内巌氏の資産目録作成の目途がたったので、相続人全員に集まってもらうことにした。しかし、いぶき法律事務所の会議室に一四人もの人が入ることはできないので、いぶき法律事務所の近くの貸会議室を予約し、相続人全員に「相続財産に関する説明会のご案内」という案内状を発送した。

剛史氏がはじめていぶき法律事務所を訪れてから、案内状を発送するまでに約二カ月が経過していたが、相続人を集めて説明会が開催されるのはさらにその三週間後、つまり故大河内巌氏が死亡してから約四カ月半を経たころだった。案内状発送の時点で、被相続財産の詳細について明らかになっていない点があったが、少しでも早く説明会を開催したいと考え、説明会までに詳細を調べあげ、被相続財産に関する一覧表は、当日、相続人全員に配ることにした。相続税の申告は、被相続人死亡時か

ら一〇カ月以内におこなわなくてはならない。したがって、なるべく早い時点で、「相続財産に関する説明会」[13]を開催する必要があった。そのため説明会開催後、約五カ月半の間に話をまとめ、遺産分割協議書を作成しなくてはならないことになる。

故大河内巌氏の被相続財産は、金融資産が約二億六千万円程度、千代さんと一緒に住んでいた不動産の相続税評価額は約一億六千万円、その時価はおおよそ二億円程度であり、動産類のなかには特段価値のあるものはなかった。

V　千代さんの希望

説明会を開催する前に、もう一度山下千代さんに会って、巌氏の被相続財産のなかに、巌氏と千代さんが暮らしていた不動産が含まれていることを告げ、千代さんは家を出なくてはならないことを伝えておく必要があった。

気の重い訪問だった。

11　祖父母の次の順位で兄弟姉妹に相続権が発生する（民法889条1項2号）。
12　民法889条2項（代襲相続）。
13　本件の場合、相続人全員の協議で具体的分割方法を決め書面化したもの。

千代さんは、前回訪れたときと同じように玄関に打ち水をし、着物姿で伊武木弁護士と私を出迎えてくれた。季節の移り変わりとともに庭に咲く花は変わっていたが、相変わらず手入れが行き届いており、チロは前と同じように千代さんについて回っていた。

「きれいに手入れなさっていますねえ、ご自身で？」

という伊武木弁護士の問いかけに、千代さんは、

「ええ……。大きな木は植木屋さんに頼んでおりますが、大河内も私も庭いじりが好きでしたので、自分たちでいろいろと楽しんでおりました。いまは私が一人で……」

美しい庭を眺めていると、伊武木弁護士も話しにくくなったようだが、

「そうそう……。千代さんは、大河内先生の生命保険金受け取りの手続をなさいましたか？　手続方法などご不明な点がないだろうかと気にはなっていたのですが……、そのままになりまして申し訳ありません」

と切り出した。千代さんは、

「ええ……。おかげさまで……。保険会社のかたが大変親切にしてくださいまして、手続はもう完了いたしました。伊武木先生にご報告をしなければなりませんでしたのに、こちらこそご無礼いたしました。大河内も細かい部分にまで心を砕いてくれ、私が、この家を出ていかなくてはならなくなるだろうからって……、そのときはどうすればいいか……、そんなことにまで気を配ってアドバイスを残してくれました。本当にありがたいことです」

「ああそうでしたか。実は、きょう、その件でうかがったんですが、千代さんに、この家を明け渡し

てくださいとお願いするのが心苦しく、どのように話せばいいか考えていたところでした。大河内先生が、この家を出たあとの千代さんの生活にまでアドバイスを残してくださったというなら本当によかった。ところで、どのようなアドバイスだったのかお聞きしてもよろしいでしょうか？

急《せ》かすようで申し訳ないとは思いますが、この家が被相続財産のかなりの割合を占めていますので、売却することになると思います。相続人のうち、だれか一人がこの家を相続するのなら、そのかたに協力していただいて引越の時期を延ばしてもらいたいとお願いするという方法が取れるかもしれないのですが……」

千代さんの表情がくもった。千代さんは、しばらく庭の方を見ていたが、

「実は……、大河内の知り合いの内科医の先生が有料老人ホームを経営なさっていまして……。さきざきのことを考えて、私が一人で暮らすよりも、そういう施設で暮らした方が安心だろうと大河内が考えたようでしてね……。先日見学に行ってきましたが、とてもきれいな老人ホームでした……。

老人ホームというとなんだか暗いイメージですが、ホテルのような感じの広いロビーやコーヒーショップがありまして、お食事などは何種類かあるコースのうちから選べますし……、お茶室までございましてねえ、もちろん、看護師さんは常駐ですし、個室にはお風呂や小さなお台所もついていましてね……、私にはもったいないほどでした……。

そこに私がすぐに入れるよう、大河内は手続をしておいてくれたんです。老人ホームといいましても、私が認知症にでもならないかぎり、外出や外泊は自由ですので、マンションに住んでいるのと同じ感覚だと思います。食事は、自分で作ってもいいし、好きなコースを注文してもいいし……、大河

内が精一杯考えてくれた気持ちが伝わってくるようで……、涙が出ました……」

そう話しながら、千代さんの表情はますますくもっていった。

「そうですか、それはよかった。で、なにかご心配事でも？」

伊武木弁護士がたずねると、千代さんは少し黙ってから話し始めた。

「チロのことが……。老人ホームに犬を連れていくわけにはまいりません。大河内も、そんなことにまで気が回らなかったのでしょう。いろいろと考えてはみたのですが……、子犬ならまだしも、こんなに年老いた大きな犬を引き取ってくださるかたはいらっしゃらないでしょうし……、でも、私はチロを放ったまま、自分だけあんなホテルのような施設に引越をすることはできません。大河内が亡くなったいま、チロが私の唯一の家族だと思っております」

犬を溺愛している私には、千代さんの気持ちが痛いほどよく理解できた。最近、私と愛犬のツーショット絵はがきを、一人の親しくしていただいている依頼者のかたに送ったところ、

「あのワンちゃんはぬいぐるみですよね。えー、あんなにかわいい本物のワンちゃんがいるんですか」

と、わざわざ電話をかけてきてくださって、私はバカみたいに有頂天になったことがある。

犬をこよなく可愛がっている人なら、ホテルのような施設がそろっている老人ホームより、多少不便でも、犬と一緒にいられる場所を選ぶだろう。

「うん、うん、うん……」

と大きくうなずいている私を横目でジロッと見ながら、伊武木弁護士は、

「それでは、これから先、どうなさるおつもりですか……。犬が元気なうちは、犬と一緒に住みたい

と、そういうことですか？」

「ええ……。チロの年齢を正確に数えてみましたら、もう一三歳になっていました。これまでずっと室外で生活をさせておりましたから、これからの寿命がそれほど長いとは思えません。チロが元気にしている間だけは、一緒にいてやりたいと思いまして……」

「そうですか……、どうしたらいいでしょうかねえ……」

といいながら、伊武木弁護士は困ったような渋い表情になっていった。

千代さんは、チロが元気なうちは賃貸のマンションに居住しようかと考え、すでにいろいろと調べてみたらしい。「ペット可」という貸室はそれなりにあるようだったが、小型犬にかぎるという制限付きの物件が多い。それよりなにより、今年で八〇歳を迎える千代さんに部屋を貸してくれるような大家さんは皆無に近いと不動産業者にいわれたということだった。

「なんですかね……、年寄りの一人暮らしは、火の始末やらなにやら、不用心だと考えるのでしょうかねえ。それから、私の場合は厚生年金をもらっているわけではなくわずかな国民年金を受給しているだけですので、現在は貯金を持っていたとしても、使い果たせば終わりだということで、大家さんとしてみれば家賃の保証が取れませんものね。私が大家さんだったとしても、私のような一人暮らしの年寄りに部屋を貸すのはいやだと思うかもしれません。

私の場合、身寄りがありませんが、部屋を借りる場合には、きちんとした連帯保証人が必要だということでもありますし……」

伊武木弁護士は、押し黙ったまま考えていたが、

「おかしなことをうかがいますが、犬の寿命というのはだいたいどのくらいのものなんでしょうねえ。もちろんいろいろでしょうが……」

「獣医さんに聞いてみたところ、外で飼われている犬は室内犬より寿命が短く、チロは、つい最近まで庭に放しておりましたから、せいぜい一四、五年ではないかとおっしゃっていました」

「そおかぁー、あと一、二年が平均寿命だということですか」

「ええ……、ですから、いま、チロを手放してしまうのは、どうにも忍びなくて……。チロがいなくなったあとは、もちろん、大河内が手続をすませてくれている老人ホームに入ろうと考えていますが……」

そこまで話した千代さんは、なにかいいたそうにしてしばらく押し黙っていたが、ゆっくりと正面に向き直って座布団からおり、伊武木弁護士の目を見、手をついて話し始めた。

「ご無理を承知でお願いいたします。もしご承知いただけない場合は諦めますので、ぜひとも相続人のみなさまに諮っていただきたいことがございます。チロが生きている間、どのくらいなのか、はっきりとわかりませんが、私をこの家に置いていただくわけにはまいりませんでしょうか。もちろん、毎月のお家賃は払わせていただきます。いままで、大河内とともに大切に使ってきた家ですので、今後もなるべくきれいに使わせていただくつもりでおります。

どなたが祭祀を承継[14]なさるのか存じませんが、もしよろしければ、私がこの家に住まわせていただいている間は私がご位牌をお守りし、ごきょうだいやご親戚のかたにいつでもおいでいただき、大河内が元気だったころと同じように、ここで大河内の思い出話などさせていただければうれしいと考えております。大変厚かましいお願いとは承知しておりますが、私からの願いということで、相続人のかたがたにお諮りいただけないでしょうか」

千代さんは、真正面を向いたまま、一気に話した。

「うーん、そうですか……。私にはなんとも……、この家を処分しないことには相続財産を相続人に分けることができませんのでね。相続税の納税期限のこともありますし……、もちろん千代さんの意向をみなさんに伝えてはみますが……」

千代さんはしばらくうつむいていたが、

「わかりました、ありがとうございます……。私の希望がいれられない場合、いつまでにこの家を出なくてはならないかお知らせいただければ、ご迷惑をかけないようにいたします。勝手なことをお願いしましたが、一度だけみなさまにお取り計らいいただけますよう、よろしくお願いいたします」

と、今度は力ない声でつぶやいた。

玄関で、私たちの姿が見えなくなるまで見送ってくれた千代さんの横には、チロがずっとしたがっていた。

14　系譜・祭具・墓など祖先の祭祀に必要な用具は、慣習にしたがって祖先の祭祀を主宰する者が一般相続財産と別個に承継する（民法８９７条）。

Ⅵ　相続財産に関する説明会とその結果

説明会は、日曜日の午後、ため池会館三階「ぼたんの間」で開催された。一四人の相続人、なるべく全員に集まってもらうため日曜日を選んだが、欠席するという返事と委任状が届いている相続人が二人ほどいた。

私は、伊武木弁護士の指示のもと、相続財産一覧表と、相続人関係図に各相続人の法定相続分一覧表を添付した書面をそれぞれ相続人の数だけ用意し、会場の入口で出席者に渡した。

予定の時間を少し過ぎて、その日集まる予定の一二人が全員そろい、説明会は始まった。

伊武木弁護士が相続財産一覧表について説明を始めた。一覧表には、

一　金融資産の時価二億六四二〇万余円について、まず預貯金に関し、銀行名・貯金の種類・金額・満期日などを明記してあり、次に、所有している株式に関し、その銘柄・株数・時価を明記してある。

二　不動産について、相続税評価額が約一億六千万円、時価が約二億円程度であることが記載され、その根拠を示す書類が添付されている。

三　動産類については、形見分けの対象となりうるものについてだけ、例えば、和服・腕時計・ネクタイピン・カフスボタンなどについて詳細な記載をしてあるが、巌氏は自身の装身具など

にこだわることはなかったので、金がさの張るものはなかった。食器類の多くは、千代さんの好みでそろえられたものであったが、それらのなかにも高額なものはなかった。

「きょうは、お忙しいところお集まりいただきましてありがとうございます。まず、みなさんのお手許にある、『相続人関係図』を見てください（七一ページ図参照）。そこに、○印がついているかたがたに本日お集まりいただいたわけですが、ええっと……、●印がついているかたはすでに亡くなっていらっしゃるかたです。そして、みなさんの名前のしたに書いてある数字が、法定相続分割合です。大河内巌先生は、法定相続分にしたがって、法定相続人のかたがたに、すべての財産を分けてほしいと希望していらしたので、私どもの事務所で、ここまでのことは調べました。

この相続人関係図と法定相続分について、なにかご質問はありますか？」

しばらく、だれも発言しなかったが、剛史氏が手を挙げた。

「あたしの名前のうえには、○印が書いてあって、したに八分の一って書いてありますけどね、これは……、つまり、あたしが、ここの一覧表の一番というところに書いてある金融財産総額・二億六四二〇万円なにがしかの八分の一をもらえるって、そういう意味ですか？　いま、計算してみたけど、こりゃあすごい金額だねえ……。現金で三千万円以上、あたしがもらえるって、そういうことで間違いないですよね」

「うーん、そうですねえ……。それは分けかたにもよりますがね」

「えっ、先生、そんなのおかしいですよ。どういう分けかたをしたって、八分の一は八分の一でしょ。

兄貴が残した金が二億円以上あって、それの八分の一をあたしがもらえるんじゃないんですか?」

「そうですね。もし仮に、金融資産をすべて現金化し、その現金すべてを相続割合で分けるとすればそうなりますね。でも分けかたはいろいろあります。例えば、自分はお金はいらないから、不動産の何分の一かがほしいっていう人もいるかもしれないし、逆に、不動産なんていらないから金融資産だけほしいっていう人もいるかもしれない……、それに、同じ金融資産のなかでも、株式は価格が変動しますよね……。そう、そう……、この一覧表に何月何日時点の価格なのか、それぞれの金融資産の横に書いてあるでしょ……。他のものはなにもいらないから株だけほしいっていう人もいるかもしれないし……、分けかたはいろいろです。次に説明しようと思っていたんですが、分割方法の例っていうのも書いてあるでしょ」

「いやあ……、あたしはね、こんなに大金だとは思わないからさあ……、ねえ、みんなだってびっくりしてるよ。分割方法の例ったってさ……」

伊武木弁護士は、千代さんの希望を、早い段階で伝えておいた方がいいと考えた。剛史氏が、金融資産の額だけを見て、それなりに満足しているようだったので、もしかしたら、千代さんが望んだとおりに話しがつくかもしれないと思った。

「剛史さん、ちょっといいですか。私からみなさんに伝えたいことがあります。実は、千代さんの希望があって、それを、きょう、みなさんに聞いてみてほしいって、千代さんに言付《ことづ》かってきたんですよ」

伊武木弁護士は、千代さんの事情と希望を伝えたあと、千代さんの希望は決して強制力を持つものではないし、伊武木弁護士が相続人に頼んでいるものでもないということを付け加えた。千代さんの名前が出た途端、会場の相続人たちの表情が和《なご》んだように見えた。

「そうだよなあ、先生。あたしは千代さんのこと忘れていたよ。人間なんて薄情なもんだねえ……。千代さんには兄貴がさんざん世話になっておきながらさあ、みんな、どう思う？　あたしゃあ、そのくらいのことなら千代さんのいうとおりにしてやりてえって思うなあ……。そんな、家賃なんて水くさいことといわずにさあ……、あたしたちゃあ、充分な金をもらえるんだからさあ……」

剛史さんの呼びかけに、会場の人々がざわめき始めた。

「そうよね……。四九日のときには、千代さんも一緒に相続のこと考えましょうなんていってさ、千代さんにも財産を分けるぐらいのつもりでいたのにねえ……。千代さんあっての兄さんだったもの……。それに、チロのことは兄さんも可愛がっていたしね……。兄さんが亡くなったからチロを保健所に持っていったなんて……、そんなことしたら、あの世の兄さんが怒ると思うわ。私は、チロがいる間、千代さんにあの家に住んでいてもらっていいと思うわ。ねえ、みんな、どう思う？」

「そうだね。千代さんがいうように、兄貴の位牌はあの家に置いといて、ときどきみんなが集まればあの世の兄貴も喜ぶと思うよ。千代さんの手料理でも食べながらさ……、兄貴が元気だったときと同じように、オレも剛史のいうことに賛成だな」

つぎつぎと手が挙がって、会場にいた相続人の多くが、千代さんの希望をかなえてあげたいという意見を述べていった。少し間があり、一人の女性が遠慮がちに手を挙げた。

「私は、亡くなった巌兄さんのすぐしたの妹で藤井美也といいます。私もねえ、千代さんとはとても仲良くしてるから、千代さんの希望をかなえてあげたいと思うし、チロのことも保健所送りは可哀想だとは思うんだけど……、私は、巌兄さんと年子で八一歳だから……、チロより先に私があの世に逝っちゃったら……と考えるとね、そういう場合はどうなるんでしょうねえ……」

そこにいた相続人たちから笑い声が起こり、

「そうだなあ、がんばってチロより長生きしないとなあ」

「まさか、一、二年の間には死なねえよ……」

などという声が聞かれた、伊武木弁護士は、会場の笑い声が一段落したところで、

「いま、藤井さんから質問があった点について、回答をしておきます。ほかのかたもよく聞いてください。もし、巌氏の兄弟姉妹関係……、この相続人関係図で見てみると、巌氏と同列にならんでいるかたがた、そのかたがたが相続手続の前に死亡してしまえば、そのお子さんが代襲相続をすることになり、この相続人関係図のようになります……。そうです、相続人関係図でいえば、巌氏の同列ではなく、その一段階下の列に記載されている巌氏の兄弟姉妹のお子さんがたが相続人になります」

「じゃあ、もし、私が相続手続完了前に死んじゃっても、私の分は私の子どもに行くってことだ……。ああ、私は剛史おじさんのすぐうえの姉の子どもで、その相続人関係図のしたの隅の方に書いてある中井希美子です」

「ばーか、オマエなんかこのなかで一番若いんだから死にゃあしないよ……。なにいってやがんだ……。ねえ先生、みんな千代さんのいうとおりにしてやりてえって考えているようだから、千代さんの考えを通したとすれば、どんな分けかたがあるのか、先生のお知恵を拝借してえもんだな……、な

あ、みんな」

剛史氏は、一番したの弟なのにリーダーシップを取るのがうまく、兄姉や甥姪たちもそのことを承知しているようだった。伊武木弁護士は、

「剛史さんは、全員の相続人のかたが、千代さんの希望を通してあげるという方向で異存がない、と考えていらっしゃるようですが、自分は反対だというかたがいらしたら、遠慮なく手を挙げてください。あとで、『本当は反対だったけど、なりゆきでそうなってしまった』といわれても困りますのでね、いかがでしょうか……。反対意見ではなくても、質問でもなんでもけっこうですよ。藤井美也さん……、あと中井希美子さん……、それ以外のかたでもいかがでしょう……」

「すいませんねえ何度も。こだわっているようで……。なんといっても、私は八一だからねえ……。もし、千代さんの希望どおりにするとして、千代さんが住んでいる間、あの家の名義はだれのものになるんでしょうかねえ。先生のさっきの説明だと、私が死んだとしたら私の子どもが受け取れて、姪の希美子が死んだら希美子の子どもが受け取るっていうんでしょ……。いえ、私はね……、希美子は死なないと思うけどね……。私は年齢《とし》を取っているし、そういっちゃなんだけど一番うえの兄さんの長男なんか剛史と同じ年齢だからさあ。ねえ健夫さん、このまま何年間か経ったら、またいろいろと面倒なことになりそうだよ。アンタどう思う?」

健夫さんと呼ばれた男性は、黙ってニヤニヤしていた。剛史氏がまた口を開いた。

「健夫とあたしとは、同い年だからねえ……、まだ死にゃしないだろうけど……。まあ、そのあたりは美也姉さんのいうとおりかもしれねえなあ……。先生、もう一度、相続人関係図なんてやっかいな

ものを作らなくていいように、なんとかできないもんでしょうかねえ」

どうやら剛史氏は、金融資産は金融資産ですべて現金化して法定相続分ずつ分け、不動産は不動産で別に考えようとしているようだった。そうであれば、不動産を法定相続分どおりの共有持分で登記[15]さえしておけば、仮に、千代さんがその不動産を使用している間に、そのうちのだれかが死亡したとしても、その死亡者についてのみ相続人関係図を作ればいいことになる。まあ、その日集まった人たちを見るかぎり、寿命があと一、二年だというチロよりは長生きしそうな人たちばかりだったが……。

伊武木弁護士がホワイトボードに図を書きながら、

「おわかりでしょうか。ここに図を書きましたが……、現時点で不動産を共有持分……、そう、みなさんの名前のしたに何分のいくつという相続分割合が書いてありますよね。その持分どおりに共有登記しておくという方法を取れば、現在確定している相続人全員で不動産を共有することになり、万が一そのなかのどなたかがお亡くなりになるようなことがあったとすれば、亡くなったかたの相続人、もしくは亡くなったかたが遺言書で定めた人が相続することになります。

もし、そういう方法を取るのであれば、みなさんが共有で登記した不動産の持分を第三者に譲渡してはならないということと、千代さんがその不動産を使わなくなったときにはすみやかに売却し、売却で得たお金をみなさんの持分どおりに分割するという内容の合意書かなにかを作っておいた方がいいでしょうね」

約三時間半、いろいろな質問や意見が出たが、そのどれもが千代さんには好意的であり、だれ一人として反対する者がいないなかで遺産分割の方法が決まった。大まかにまとめると、次のようなものである。

一　金融資産は、そのすべてを現金化し、相続割合どおりに分割する。
二　不動産は相続割合どおりに共有登記し、共有者は持分を第三者に譲渡してはならない。また、チロの生存中は千代さんが自由に使用することを共有者全員が承諾する。
三　千代さんが居住している間、固定資産税など不動産維持費のたぐいは千代さんが支払う。
四　千代さんが立ち退いたあとは、不動産を処分し売却で得たお金を持分割合で分配する。
五　チロ死亡後三カ月以内に千代さんは不動産を明け渡すことと定め、千代さんと相続人間で、公正証書[16]を作成する。

少し異論が出たとすれば……、チロがいなくなって三カ月以内に不動産を明け渡せというのは薄情じゃないか……、公正証書にまでする必要はないのではないか……、ということぐらいだった。

私は、説明会で相続人の話を聞いていて、改めて千代さんの人柄を垣間見たような気がした。

15　複数の人が同一物（千代さんが住んでいる不動産）にそれぞれの相続割合などによって所有権を持ち、持分で所有権登記をすること。
16　公証人が、法律行為その他の事実を書面化したもの。証明力や一定条件下での執行力を持つ。

千代さんには、すぐに結果を知らせたが、当然ながら大変喜んでいた。千代さんは公正証書の作成にも快く応じたし、相続人が多いにもかかわらず、遺産分割協議書がスムーズにできあがり、実際の分割手続も順調に進んでいった。

Ⅵ　あれっ、犬が……

こうして故大河内巌氏の遺産分割手続は無事に終わり、千代さんと相続人との間の公正証書の作成もでき、平和な日々が過ぎていった。

剛史氏はときどき連絡をしてくれて、千代さんの住む家には、巌氏の祥月命日《しょうつき》になると、時間のある親戚が集まり、千代さんは相変わらず手料理をふるまっているということだった。しかし、そんな習慣も、巌氏が亡くなって丸二年、つまり三回忌が終わったころから少しずつ減っていったようである。千代さんからは、いぶき法律事務所に宛て、年賀状や暑中見舞がきちんと送られてきていた。

大河内氏が亡くなって丸三年近くが経とうとしていたある日、伊武木弁護士が思い出したように、

「ねえ平野さん、そういえば山下千代さん……、あそこの犬はなんていったっけねえ……」

「ああ、チロですね。そういえば、もう三年近くになりますね。まだ元気なんでしょうか……。連絡がないということは元気だということですよね」

「うん……。チロになにかあれば連絡をくれることになっているからねえ。一度、大河内先生にお線

香をあげに行って、チロの様子でも見てこようか。もう老衰にでもなっているかもしれないね」

ということになり、千代さんに連絡を入れて訪ねることになった。

ひさしぶりに会った千代さんは、八三歳になったということだったが、以前と変わった感じはなく、むしろ一人暮らしに慣れ元気になったようにも見えた。玄関の打ち水も、手入れの行き届いた庭も千代さんにしたがっているチロも……。なにもかも、時間が止まったかのように前と同じだった。

伊武木弁護士と私は、大河内先生の仏壇に線香をあげ、何年か前と同じ位置に置かれた座布団に座った。

「伊武木先生、その節は本当にお骨折りいただきまして、まことにありがとうございました。おかげさまで、こうして平和に暮らしております。チロも思いのほか元気で……、ご親戚のかたがお見えになったおりには、チロが元気でおりますのが申し訳ないような気持ちにもなりますが……」

「いやあ、千代さんの人徳ですねえ……。何度もいうようだけど、相続についての説明会のとき、私は驚きましたよ。唯一人として、千代さんのことを悪くいう人はなかったし、千代さんがこの家を使うことについて、異議を唱えた人もいませんでしたからねえ」

伊武木弁護士と千代さんは、亡くなった大河内先生の思い出話をし談笑が続いていた。その間、チロの方をじっと見ていると、伏せているチロも上目遣いでチラチラと私の方を見ているように感じた。

私は、座卓の隅の方にそっと膝行《いざ》ってチロを呼んでみた。

「チロ、チロ、おいで……」

といいながら手を出すと、チロはのっそりと立ちあがって、わずかにしっぽを振りながら、ゆっくりと私の方に歩いてきた。

「いい子、いい子……」

といいながら私は手を伸ばし、チロの頸《くび》をなでてみた。チロは、私の近くに伏せておとなしくなった。私は、チロの頸のあたりをなで続けているうち、なんだかわからない違和感を覚え始めた。この違和感はなんだろう……、なにかが前とちがう……、あれれっ、どうしてだろう……? 昔のビデオを見るかのように私の頭に浮かんできたチロの姿……、そしていま、うれしそうに私に頸のあたりをなでられているチロ……。

あっ、わかった!

チロは以前、私が呼んでも来ることはなかった。千代さんが立ちあがったときだけ、のっそりと立ちあがって千代さんにしたがった。だから私は、チロに触ったことがなかった。それなのに……、何度か訪れているうちに、私のことを覚えたのだろうか……、でも最後にこの家に来てから三年近く経っている。

少しして、千代さんと伊武木弁護士の話が一段落ついたところで、千代さんは、

「あらあら、すみませんねえ……。チロ、こっちに来なさい……。チロ、チロ」

と何度か呼んだ。それに応えるかのようにチロはのっそりと立ちあがったが、私の手をペロペロと舐め、少々名残《なごり》惜しそうに千代さんのもとへ歩いていった。

伊武木弁護士が、

「いやあ、きょうは思いのほか楽しい時間を過ごしました。また、ときどき大河内先生の思い出話をしに来ていいでしょうかねえ」

というと、千代さんも、

「私もひさしぶりによく笑いました。一人でいると寂しいのでぜひまたお越しください」

と答え、玄関で私たちを見送ってくれた。もちろん、以前と同じようにチロもついてきた。私は、しゃがみ込んでもう一度チロをなで、「バイバイ」といった。


帰途、伊武木弁護士は上機嫌だった。しかし、私は再び、なにかがおかしいという感覚に捉えられ始めていた。


「あっ、わかった!」

私が大きな声を出すと、伊武木弁護士は驚いて私を見た。

「先生、先生……。チロのしっぽ! チロのしっぽの色が前とちがいますよ!」

「ああ、びっくりした。平野さん、なにいってるの? チロのしっぽの色がどうしたって?」

「前に見たとき、チロのしっぽの先が白かったじゃないですか。でも、きょうのチロには、しっぽに白いところがありませんでした。それに、前は私が呼んでもチロはそばに来なかったのに、きょうは『チロ』って呼んだらすぐに来たし、私の近くに伏せていたでしょう……?」

「だからなんなの? 犬だってその日の気分っていうのがあるんじゃないの?」

「でも……、しっぽの色は?」

「平野さんはなにがいいたいの？　昔のチロといまのチロがちがう犬だって……、そう考えているの？」

「うーん、考えすぎでしょうかねえ。先生は、チロに変わったところがあると感じませんでしたか？　細かいことは別としてもなにか違和感があるとか……」

「ぼくは、平野さんみたいに犬が大好きってわけじゃあないからね。でも、いわれてみれば、前はもう少し大きかったような……。ほんの一回り大きかったような……、痩せたのかなあ」

「そうですよね。すごくよく似ているけど、なんだかちょっとちがいますよね」

事務所にもどってからも、伊武木弁護士と私は、千代さんとチロのことを話した。

千代さんは、チロの寿命について、あと一、二年だろうといっていた。それからすでに三年近くが経っている。あと一、二年といった寿命が確実な数字ではないことぐらい承知していたが、私の記憶が正しければ、確かにチロのしっぽの色は前とちがっていた。

しかし、あまりおかしなことを言い出すわけにもいかず、相続人、いや、現在の所有者たちがなにも文句をいわないのだから放っておくしかないだろうということで、その話は終わった。それでも私はチロのしっぽのことが頭から離れなかった。人間のように年老いると毛の色が変わることがあるのだろうか……、それにしても、薄茶色から白ならわかるけど反対はないような気がするなあ……。

それからさらに一年ほどして、ひさしぶりに剛史氏から電話がかかってきた。

「おひさしぶりです……。ええ、あたしは相変わらず元気です……。兄貴が亡くなってからもう四年にもなりましてねえ……。いえね、あたしはいいんですけどね、甥っ子の一人が『チロが一、二年で死ぬっていうから可哀想だと思って千代さんの申し入れを聞いてやったけど、一体チロはいつんなったら死ぬんだろう』ってね、そういうんですよ。それでね、その甥っ子が、こないだ千代さんのとこに行ってみたらしいんですけど……、あたしはね、そんな馬鹿な話ないっていったんですけど……、チロがなんだか前の犬とちがうみたいだって、前の犬よりちょいと小さいような気がするって、それから昔よりちょいとだけ若くなったような気もするって、そういうんですよ、顔もちょっとちがうって……」

剛史氏が、執拗に、千代さんに聞いてほしいというので、伊武木弁護士と私は、もう一度千代さんを訪ねることにした。

「だけどさあ、聞くっていっても困るよねえ……。まだ死なないんですかとは聞けないし、だからといって、チロは本物ですかとも聞けないし……。平野さんだったらどういうふうに聞くと思う？」

「美容整形したんですかとか、お顔が若返りましたねっていうのはどうですか？」

「まったく。ふざけている場合じゃないよ……。いいタイミングで聞けそうだったら平野さんが聞いてもいいからね」

そんな話をしているうちに、千代さんの住まいに着いた。もう一年ぶりぐらいでしょうかねえと話が始まったが、なかなか犬の話にはならなかった。私は、チロを呼び、前回と同じように頸のあたりをなでながら、思い切って聞いてみた。

「千代さん、チロは今年で何歳になるんですか……。へえ一七歳、長寿ですねえ。でもなんだか少し小さくなったっていうか、痩せたっていうか……、はじめて見たときとは様子が変わりましたね。前は、『チロ』って呼んでも来なかったのに、いまはすぐに来るようになったし……」

「ええ、チロも老いましてね……、犬も歳をとるとだんだん痩せてくるんでしょうかねえ。顔つきも変わったっていわれたりするんですよ」

「ああそうですか。うーん、顔つき……。確かに少し鼻がとがったような感じもしますねえ」

「ええ、そうでしょ。痩せたからなんでしょうかねえ」

「しっぽも、前は、先っぽが白かったのに、いまは色が変わって全部薄茶色になりましたね」

「え……。あら、そうでしたかしらねえ」

もうやめろというように、伊武木弁護士が咳払いした。千代さんははじめて会ったときと同じように物静かで上品だった。


しばらくして、伊武木弁護士と私は、千代さんの家をあとにした。

「あれ以上は聞けないよ。もう少し様子を見るしかないだろう」

「でも、ちがう犬ですよね。先生はそう思いませんでしたか?」

「うん、ぼくもちがう犬かもしれないと思った。平野さんがしっぽの話をしたとき、それまで決して動揺を見せたことのない千代さんの表情が少し硬くなったよ。しっぽの色まで指摘されたことはこれまでになかったんじゃないかな。ということは最初に見たチロは死んで、チロが死んだら家を出ていくという約束をしていた千代さんは、急いでそっくりな犬をもらってきたか、買ってきたか……。でも、証拠はないよね。犬に戸籍はないし、ＤＮＡ鑑定ってわけにもいかないだろうし、『チロ』って呼べば来るし、こんな事件はじめてだよ。

千代さんは、控えめで慎ましやかな女性で、そんなことをするとは想像できないけどなあ……。もし、本当にそんなことしたんだったら……、女って怖いなあ……」

「ふふ……。先生は、はじめっから千代さんのファンでしたものね、男性はああいう感じの女性に弱いんですよね……。剛史さんにはなんと報告すればよろしいでしょうか」

「そうだねえ、見に行ったけど、犬のことだからよくわからないし、千代さんに聞いたら年老いて姿が変わってきたんだろうっていってた、とでも報告するしかないなあ。相続の説明会のとき、全員が快く『チロがいるかぎり千代さんに住んでもらおう』って同意したんだから」

やむなく、私から剛史氏に電話をし、そのように報告した。剛史氏は、すぐに納得した。

それからさらに四カ月ほど経過したころ、ある病院の事務の人から電話があり、千代さんが自宅近くを歩行中転倒し、大腿部を骨折したことを知らされた。千代さんが入院したのは、千代さんが入所するはずだった老人ホームと提携している病院だということであり、駆けつけた救急隊員に、千代さんが老人ホームの名前を口にした結果、そのように手配してもらえたということだった。

チロは、二、三日間、家のなかに放置されていたらしいが、入院中の千代さんが自分のことのようにチロを気にかけ、病院の人に、「チロに餌をあげてほしい」と何度も頼んだという。

千代さんは手術をしたものの歩行が不自由になり、一人暮らしに強い不安を感じて再び家に帰ることはなかった。退院後、老人ホームへと移り住み元気にしてはいるが、急速に認知症が進んだらしい。チロは巌氏の姪の一人が引き取り、現在もまだ元気にしているということだ。そうだとすると、チロはとうに二〇歳を超えている。まさか犬が入れ替わるなんて！

でも、それしか考えられない。

第3章 ドンデン返し！

二十代や三十代で離婚するのと熟年離婚とは、ずいぶん様相が異なっているようだ。熟年離婚の多くのケースは、妻が、何年も、いや何十年も前から着々と計画を立て、夫の行動を冷静に分析して、離婚理由となりそうなことを記録し、綿密に将来の計画を練り、夫の給料から貯めた預金通帳などを自分の管理下に置いて、卵を飲み込もうとする蛇のごとく夫の定年を待っている。

幸せな夫たちは、「ウチのにかぎってそんなことはしない」と信じて、定年まで働き続ける。たくさんの熟年離婚をみていて、男って哀れだなあと感じてしまう。

でも、型破りの離婚事件も、たまにはある。

Ⅰ　そんな夫婦もいるんだ！

新年を迎えて二週間ほどしたある夜、私は服部あきさんと、銀座のワインバーで向かい合っていた。

服部あきさんは六〇歳、一〇年ぐらい前に三歳年上の男性と再婚した。夫の杉森尚三さんは、あきさんと知り合う六年ほど前に前妻と死別したそうだ。

「ごめんなさいね、急にお呼び立てして。どうしようかと迷っていたんだけど、とりあえず麻里子さんに話だけでも聞いていただこうかなって思ってね。

本当にばかばかしい話なのよ。こんなにややこしいことになるなんて思ってもみなかったんだけどねぇ。去年の一〇月、夫とちょっとしたケンカをしたのよ。でもお互いにだんだん感情的になってね。私が夫に『謝ってください』といったら、『冗談じゃない！　離婚だ！』って。それで、次の日からもずっとふて腐れたような態度で口をきかないし、そんな彼を見ていたら、面倒になっちゃって、もう終わりにしてもいいわって思っちゃったのよねぇ。それで、区役所で離婚届をもらってきて、私が書くべきところを全部書いて署名捺印して彼に渡したの。『私のところは書いておきましたから』って。

麻里子さんご存じだと思うけれど、私たちが住んでいた家は三階建でそれなりの広さがあるでしょ。もう彼も年齢《とし》だし可哀想だから、離婚してもこれまでどおりこの家に住んで、好きなことを続けていっていったのよ。でもね、自棄《やけ》でも起こしたかのようにずっと口をきかないのよ。あんまり長い間口をきかないから、私、何度も手紙を書いたの。『もともと同じお墓に入る気もなく、相続も放棄する約束だったのだから、籍を抜くちょうどいいタイミングかもしれませんね。夫婦という間柄でなければそれなりによい関係を保てるのではないかと思います。ですから、書類上の離婚をしたとしても、この家で好きなことを続けてください』ってね。ほら、これがその手紙のコピーよ。

彼は一階でちょっとしたお店をやっていたから、それを続けていけばいいと思ったのよ。それなのに、私が離婚届を渡して二週間ぐらい経ってかしら、突然、引越屋さんのトラックが家の前にやってきて、大きな家具を運び出すために家の壁を何カ所も壊しながら……。いえね、店の壁に取り付けていた家具もあったんで壁に穴が開いて外が見えちゃったところもあって、修理に何百万円もかかったのよ。でも彼は、そんなこと知らないよって感じで、自分の持ち物はあらいざらい全部。私に買ってくれた彼の家紋が入った式服まで、とにかく彼がお金を出して買ったものは一切合財持ち出して、どこかに引越ちゃったのよ。まったくねえ……。別にいいんだけど、私の式服なんて持っていってどうするのかしら。

引越先もわからないし、どうしようって考えていたら、彼に頼まれたっていう弁護士さんが家に来て、唐突に、『おわかりでしょうが、離婚というのはお金のことですよ』なんていうのよ。エーッて、びっくりしちゃって」

そこまで一気に話すと、服部あき（戸籍上は杉森あき）さんは、目の前のワイングラスに手を伸ばした。あきさんは、評論家の大宅映子さんを思わせる理知的で洗練された雰囲気の美しい女性。何気なく無駄がないが、おそらく計算し尽くされたであろう服装やヘアスタイルにはキラリと光るものがあり、これまでの豊かな人間関係や彼女が得てきた収入、そしてなによりも頭の回転の速さがにじみ出ているように見える。

ここまではＯＫね、と確認するように私を見て、あきさんは話を続けた。

「私たちお互いに五〇歳前後のとき、再婚同士で結婚したでしょ。私も彼も子どもは独立していたし、なんとなく気楽に結婚しちゃったのよね。これから先一人で生きていくよりは二人で一緒の方が楽しいかしらって。それで、なんとなく結婚しようかってことになったのよ。それがねぇ……、それがこんなことになっちゃうなんて、まったくどうしちゃったんでしょうねえ。

私は入籍しなくてもいいといったんだけど、彼が古風な人でね。でも、結婚しても、彼の亡くなった奥さんが入っているお墓に入りたいとは思わないから、私、自然葬の会っていうのに入って、自分自身の埋葬のことまで手配してあったのよ。まあ、彼とは生きているうちだけの共同生活って感覚だったかしらねぇ。

それにしても、彼の弁護士が、離婚とはお金のことですなんていうから、お金でもくれるのかしらなんて思っちゃったりしてね……。フフフ。でも、払えって、私に、お金を払えっていうのよ。額は、検討してから連絡するけど、私がお金を払わないと彼は離婚届に判を押さないなんて平気でいうのよ。まったく信じられないでしょ？　ねえ、なんのお金かしら？　その弁護士は私の財産を彼と二人で分けなきゃならない、みたいなことをいうんだけど、なにいってるのかしらねぇ。

私たちね、結婚してからずっと、毎月三五万円ずつ生活費を出し合って、それ以外のお互いの収入や貯蓄についてはお互いになんの干渉もせず自由に使ったり貯えたりしてきたの。結婚するときに、そういうふうにしようって決めたのよ。生活費以外の収入にはお互いに口を出さないで、自分たちが自由に使うことにしてたの。彼の資産にはまったく興味もなかったし、いま、彼がいくら持っているかもまったく見当がつかないわ……。彼は、家を出るとき、ワイン一本にいたるまで、自分のお金で買った物は一切合財持っていったんだからそれで終わりよね。なんで私がお金を払わないと離婚しないなんていうのかしら。あのとき、『離婚だ！』っていうから離婚届をもらってきたのに……」

あきさんは、イベント企画会社「株式会社I's（アインス）」の代表取締役であり、職務上名前が変わると面倒だということから、杉森尚三氏と入籍したあとも、ずっと服部姓で仕事を続け、仲間や友人も、あきさんを「服部さん」と呼んでいた。

経済的には二人とも豊かで、二人が結婚した一〇年ぐらい前から現在にいたるまで、あきさんは平均年収約二千万円程度、夫の尚三氏は三年ほど前に退職するまで平均年収三千万円強と退職金として数千万円を得ていた。その二人が、互いに三五万円ずつ出し合った月額七〇万円が二人の生活費だった。広いマンションを賃借し、値段など気にせず好きなワインや日本酒を飲み、高級食材を好きなだけ買って、頻繁に友人を自宅に呼んで楽しんでいた。多少の過不足はあったが、毎月七〇万円のすべてを使い果たして暮らしてきた。

あきさんには、家計簿なんて面倒なものを使おうという考えはまったくなく、なにに使ったのか細かいことはよく覚えていない。月額七〇万円という数字も、二人で予算を立てて決めたものではない。あきさんが賃貸物件をいろいろと見て歩き、二人で住もうと探してきたマンションの家賃が三五万円だった。尚三氏にそのことを伝えると、尚三氏は、家賃はあきさんの会社が社員寮として負担することにすれば節税対策にもなるので、そのようにすればいいと提案し、尚三氏は、食費その他として家賃と同額を負担し、その範囲で暮らしていこうということになった。

尚三氏は約束どおり毎月末になると、「はい食費」といってあきさんに三五万円を渡した。あきさんは、立派な風格の夫が口に出すにはなんとなくふさわしくない「食費」という言葉を聞くたびに、面映《おもは》ゆいような幸せな気分を味わっていたことをよく覚えていると語っていた。

二人は、外食や旅行のような非日常的な出費についても、大雑把に二人の出費のバランスを考え、夫とあきさんで同額程度を負担するようにしていた。もしずっとそのような生活が続いていれば、「離婚というのはお金のことですよ」などといわれることにはならなかったかもしれない。ところが結婚して四年ほどたったころ、尚三氏が、

「あと三年弱で定年か……。定年後にうまい日本酒とちょっとした珍味を出すような、粋な店でもやってみたいなあ」

と口にし、あきさんが夫を喜ばせようと思いついて実行したことが、皮肉なことに二人の離婚を複雑にする原因を作り出してしまった。

「その話を聞いたときにね、私、突然、夫の夢をかなえてあげたいって気持ちが湧きあがってきちゃったの。美味しい日本酒と珍味を出すぐらいの店なら、夫一人でもできるでしょ。定年後なにもしなくなるよりは、精神的にも肉体的にも趣味的な仕事があった方がいいし、彼が喜ぶならいいかなって。よし、店を建ててあげようってね……。

一階で日本酒を飲ませる店を営業して、二階を住居、三階をオフィスにできるような家を建てようって思いついて、いったい私っていくら持っているのかしらって洗い出してみたの。そしたら、貯えのほとんどを集めて九千万円ぐらいだったかな……。株なんかはまだ手元に残っていたものもあったんだけどね。しょうがないので銀行から五千万円の融資を受けて、三階建ての家を建て始めたの。銀行

の審査は割と簡単で、手持ち資金と三年分の確定申告書を見せたら、保証人はいりませんって。

彼はね、『ありがとう』と『ごめんなさい』を絶対にいわない人だったけど、あの家が完成したときも、一階の端から端まで見て回って満足そうな顔をすることはしたけど、なにもいわなかったわ……。そして、定年になったら、当然のようにそこで自分の店を始めたのよ。もちろん私は賃料をもらっていたわけじゃないし、店の水道光熱費も一階だけメーターを分けていたわけじゃあないからすべて私持ち……。なにからなにまで私が用意した大きなおもちゃのなかで、彼は趣味を楽しんでいたってわけよ。でもね、彼が楽しそうだったから、いつもの『ま、いいか』って気持ちを持とうって自分自身に言い聞かせてね。

私ね、借金が大きらいで、ローンでなにかを買ったなんてこと、これまでなかったの。家だってさ、自分の家を持っちゃうとなんとなく家に縛られて身軽じゃなくなっちゃうし、もちろんキャッシュで買うには高いってこともあって、買おうなんて考えたこともなかった。だからね、銀行から五千万円借りたらなんだか萎縮したみたいになっちゃって、早く返したいと思って必死で働いたわよ。ねえ、あの三階のオフィスの賃料、一カ月いくらに決めたと思う？　もちろん、早くローンを返すために私が決めた賃料だったんだけどね」

私は、あきさんの家を頭に思い浮かべてみた。一階と二階はそれぞれ三〇坪程度、北側斜線の関係だと思うが、三階だけは他の階の五～六割程度の広さだったと記憶している。

「うーん、私、家賃のことって全然わからないけど、せいぜい三〇万円ぐらいかしら」

私は、三〇万円という金額を口に出したとき、少々高めにいったつもりだった。

「そうよねえ、相場ならせいぜいそのくらいの賃料がいいとこでしょうね。でもね、私のところなんて会社といっても私の個人経営だから、払っていければそれでいいと思って、七〇万円の賃料で三階を会社に賃貸する形を取ったの。その他に、私の役員報酬から三〇万円近くを足して銀行に返済していたわ……。なんだかね、九八万いくらかだかが、毎月、口座から引き落とされていたわ。お金が貯まると繰りあげ返済をしたりしたから、だいたい五年ぐらいで返し終わったかしら。借金がなくなってからはオフィスの賃料を大幅にさげたけどね。

私が、そうやってローンを返していた間に彼は定年を迎えたわけだけど、ローンの返済が終わるまでは、それまでどおり食費として三五万円私にくれていたのよ。でもね、ローンの返済が終わった途端、彼は私になんの相談もなく食費を渡さなくなったの。エーッ、これからずっと私がこの人を養うのかしらと思ったけど、店で作ったおつまみをときどきスタッフにご馳走してくれたりするんで、私に収入があるうちは、まぁいいかって……。私も働けなくなったら、そのときに話し合いでもして、生活費を分担していこうと考えていたのよ」

あきさんの夫は、六〇歳の秋、念願の店「尚」を開店したという。店の営業は、月曜から金曜の夜だけにかぎり、二人の時間も大切にしていた。

でも、そんな平和な生活が続いたのはほんの二、三年だった。その日曜日は、朝から尚三氏の機嫌が悪かった。あきさんは、夫が大好きな料理を作り、

「ねえ、あなたの好きなおつまみを作ったの。美味しいお酒でも飲みながら、今度どこに旅行するか

計画でも立てない？」

と夫を誘ってみた。わけがわからず夫の機嫌が悪いとき、あきさんは夫の好物を作り、ともに酒を飲み語り合っているうちに、夫の機嫌が直っていくというのがいつものパターンだった。しかし、その日はいつもと少しちがって、尚三氏は機嫌が悪いままあきさんに執拗にからんだ。ちょうどそこに、あきさんの孫、三歳の那美ちゃんを連れた、あきさんの息子夫婦が遊びにきた。那美ちゃんは、大好きな尚三氏の顔を見ると、全速力で尚三氏に駆けよった。間が悪いというのは、こういうことを指すのだろう。尚三氏は、小さな那美ちゃんが飛びついてくるのをうまく受けとめられず、ソファから転げ落ちそうになり床に片手をついた。

「なにをするんだ！」

もともと不機嫌だった尚三氏の拳が、怒鳴り声とともに幼い那美ちゃんの顔を打ち、那美ちゃんは鼻血を流した。そしてそこには、泣き叫ぶ那美ちゃんをさらに打とうと拳を振りあげて立ちあがった尚三氏の姿があった。

夫の突然の暴挙に、あきさんは泣き叫ぶ那美ちゃんを急いで抱きあげたが、夫に対して激しい憎しみと怒りを覚えた。

「あなた、なにをなさるんですか！　那美はうれしくてあなたに抱きついただけじゃないですか。それなのに、自分の虫の居所が悪いからって……、謝ってください。あなた、大人気《おとなげ》ないと思いませんか。那美に謝ってください」

興奮したあきさんが夫に強く抗議したのをきっかけに、夫は席を立ち、

「冗談じゃない！　離婚だ！」

あきさんを睨みつけながらそう言い放って部屋を出たのだという。

「ね、ルール違反をしたのはあっちよね。それなのに、その次の日もずっと怒った顔をしていて私とは目も合わさないし、結局こうなっちゃったのよ。あの日どうして機嫌が悪かったのか知らないけど、たぶん、店をやってみたいなんていって大層なことを始めたのに、利益はあがらないし疲れるし、思うようにならなくてムシャクシャしていて、八つ当たりしたんだと思うわ。

それにしても、このままじゃ困るのよね。夫が相談している弁護士は『お金を払え』というんだけど、冗談じゃないわよね。私、中途半端なことは大きらいだから、早く離婚してすっきりしたいの。麻里子さんの勤めている事務所って、そういうことの相談にも乗ってくださるのかしら？」

いつもは冷静なあきさんだが、夫の暴挙を再現し始めた途端顔色が変わった。私が勤務している法律事務所で相談に乗ることができるとあきさんに伝えたところ、あきさんは、

「本当……、よかった。なるべく早く行くわ。でも、あなたからだいたいのことは弁護士さんに話しておいてね。何度も話すと不愉快になるから……。さぁ、この話はこれで終わり。聞いてくださってありがとう。美味しいお料理でも頼んで楽しく飲みましょう！」

その後私たちは、ワインを飲みながら軽い食事をした。ワイン談義やおしゃれ談義をしていたが、二本目のワインを開けたころから、最近一般的に男性がだらしなく頼りなくなっているという話題に移り、酔うごとに男性の悪口に発展し、笑いのなかで私たちの食事は終わった。

着飾ったホステスたちが店の外まで出て酔客を見送る銀座の街を、それら男性客と同じぐらい酔った私たちも帰途についた。

Ⅱ　あきさんが申し立てた離婚調停

銀座のワインバーであきさんと会ってからまもなく、あきさんがいぶき法律事務所にやってきた。あきさんは、黒のワンピースに黒のファーを編み込んだ洒落たジャケットを身につけ、事務所に入ってくるなり、

「こんにちは。きょうは、一段と寒いわねぇ……。これ、秘書のお嬢さまがたのおやつ」

とニコニコしながら紙袋を差し出した。あきさんは、どんな場所でも臆することはなく、どこにいても輝いて見えた。あきさんは、伊武木弁護士に会い改めて自己紹介した。

「平野さんからお聞きおよびと思いますが、よろしくお願い申しあげます。とにかく私は早くすっきりしたいんです。戸籍上、服部にもどりたいだけなんです」

伊武木弁護士は、笑いながら、

「平野からいろいろ聞きました。いいなあ、ぼくも定年後に店を出させてくれるような女性と結婚したかったなぁ。

まあ、とにかく、旦那さんにも弁護士さんがついているようですから、話し合ってみますが、離婚調停をしないと難しいでしょうね。服部さんは、離婚ができれば、あとはなにも望まないということ

でいいんですね。うちの平野が、先日、服部さんからお聞きしたことをメモにまとめたものがここにあるんですが、これで間違いがないかどうか目を通していただけますか?」

あきさんは、私が作成したメモに目を通しながら、

「これ、この間ワインバーで話をしたことをまとめたの? あらいやだ、あれはさ、こんな内容のことで相談に乗っていただけるのかなぁと思って雑談まじりで話しただけなのに……。ハハハ。でもよく書けているわ、このとおりよ。伊武木先生、このメモのとおりです、間違いございませんわ。なるべく早くお願いしますね」

必要な手続[1]をすませたのち、あきさんは、なるべく早く離婚調停の申立をしてほしいと、重ねて頭をさげて帰っていった。

それから一〇日ほどして、東京家庭裁判所に離婚調停申立の書面を提出し、第一回目の調停期日が一カ月半ほどのちに指定された。

早春の晴れた日、一回目の調停期日を迎えた。服部あきさん本人、伊武木弁護士はもちろんのこと、あきさんの片腕ともいえる村田沙保さんと私の四人が、東京家庭裁判所に顔をそろえた。家庭裁判所で扱う事件の多くは、当事者間に感情のもつれがあることが多いため、双方が顔を合わせて混乱を招くことがないよう、申立人と相手方の待合室が別々に用意されている。私たち四人は、その申立人待合室に入った。

「先生、きょうは彼もここに来ているってことですか?」

「そうですね。原則として調停は本人が出席することになっていますからね」

「じゃあ、きょうこの場で離婚が決まるってこともあり得るんでしょうか」

「うーん、理論的にあり得ないとはいえませんが、まあ、ないでしょうね。私は、事前に尚三氏の代理人弁護士と電話で何回か話していますからねえ。尚三氏は、お金をもらわないと離婚はしないと、はっきりおっしゃっているようですからねえ」

「どうして、私がお金を払わなくちゃいけないんでしょうか」

「よくわかりませんね。きょう、彼の言い分を聞いてみましょうね」


調停は、当事者の片方ずつが小部屋に呼ばれ、調停委員の質問に答えたり、本人の希望を伝えたり、調停委員に説得をされたりする。まず、あきさんが呼ばれ伊武木弁護士と一緒に待合室を出た。村田沙保さんと私が高校時代の同級生だった関係で、数年前、私はあきさんを紹介された。村田さんは納得できないような表情で、

「ねえ麻里ちゃん、よくわからないんだけど……、あきさんの場合は、夫婦といってもお互いの収入も知らないし、半分ずつ出し合っていた生活費以外の収入は、各自が管理していたんだから、離婚のときにあきさんが尚三さんにお金を払わなくちゃならないなんて変よねぇ」

「うーん、普通に考えればそうよね。でも法律では、結婚前に特別な契約をしておかないかぎり、結

1　離婚調停を申し立てるための訴訟委任状を受け取り、報酬契約をする。

婚している間に貯めた貯金なんかは、夫婦どちらの名義であったとしても、夫婦の共有財産だとみなされて、離婚するときにはいろいろな事情を考えたうえでそれなりの割合で二人で分けなさいっていわれる場合が多いのよ」

「でもさ、あきさんの場合は全然ちがうと思わない？　あきさんみたいな結婚の姿もあるって説明すればわかってもらえるんじゃないかしら。それにさ、もし麻里ちゃんがいったみたいに離婚するときに財産を二人で分けなくちゃいけないとしたら、例えば尚三さんは生活費をのぞいたお金を全部自分の子どもたちにあげちゃってなにも残っていなかったとするじゃない。それで、あきさんはほしいものを我慢して子どもたちにお小遣いもあげずに一生懸命お金を貯めたとするじゃない。それで離婚することになったら、倹約してお金を貯めていたあきさんの貯金を二人で分けろって……そういうこと？　そんなの変だと思わない？

それにさ、結婚しましょうってときに、離婚するときの財産の分け方について特別な契約をしておく夫婦なんかいないんじゃない。イスラムの世界じゃあるまいし……」

そんな話をしているうちに、あきさんと伊武木弁護士が待合室にもどってきた。あきさんは、すっきりした表情をしており、

「ちゃんと説明してきたわ。私たちの結婚形態は普通とちがっていたってこと。だから、もちろん私は彼にお金を請求するつもりはないし、でも、私が彼に払うつもりもないってこと……。そういう形の結婚だったんだってこと……ね、先生」

あきさんは、いかにもこれで大丈夫というような安心した表情だったが、伊武木弁護士は、

「そういう説明をしたことは確かだけどね……。尚三氏がなんというかだよね。尚三氏が、そのとおりですといえばそれで終わりだけど、そうは簡単にいかないと思うな。だって、代理人が、財産分与の請求[2]をしますって、はっきりいっていたんだから」

それから四〇分程度の時間が経った。はじめのうち、あきさんは、自分たち二人の特殊な生活形態ゆえ共有財産がないこと、だから尚三氏に分け与える財産はないことを繰り返し早口で話し、村田さんに同意を求めて、伊武木弁護士や私の意見を聞いていたが、そのうち、

「ねえ先生、随分時間がかかるんですね。あの人なにを話しているのかしら。私のときはすぐ終わったのに」

「そうですねぇ。尚三氏は尚三氏で服部さんとちがう言い分がいろいろあって、それを調停委員にわかってもらおうと必死になっているんじゃないでしょうかねぇ」

あきさんたちが待合室にもどってきて一時間近く経ったころ、調停委員の一人が、

「お待たせしました。どうぞお入りください」

と、あきさんたちを呼びに来た。あきさんは、フーッと溜息をつきながら、伊武木弁護士とともに待合室を出ていった。しかし、まもなくあきさんが一人で待合室にもどってきた。

2　離婚に際して一方が他方に支払う財産。そのなかには婚姻中の夫婦財産の清算・離婚後の扶養・離婚によってこうむる経済的損失の賠償や精神的苦痛に対する慰謝料を含む（民法768条1項、同771条）。

「お話にならないわ。あの人、本当に頭がおかしくなっちゃったんじゃないかしら。私の家を売って半額を寄こせって、そうじゃないと離婚しないっていっているらしいわ。どうしちゃったのかしら。生活費以外の自分たちのお金は自由に使おうって、お互いに干渉しないでやってきていたのに……。いまさらなにをいってるのかしら。

ああ、いま？　次の話し合いの日時を、伊武木先生と尚三側の弁護士とで調整しているわ。おそらく尚三は弁護士にいろいろいわれて、私からお金を取れると思いこんで、悔しさまぎれに取れるものは取ってやろうって気持ちになったんだと思うわ」

伊武木弁護士がようやく待合室にもどってきて、あきさんに次回期日を告げた。

あきさんは、しばらく黙って考えていたが、

「先生、少しお時間よろしいですか？」

と、了解を取り、ひと言ひと言考えながら噛みしめるように話し始めた。

「私、いま、いろいろと考えてみたんですけどね、尚三は弁護士にいろいろといわれて混乱しているんだと思うんです。尚三はそんなに無茶なことをいう人じゃないと信じています。あの弁護士さんは、尚三の親しいかたの知人らしいんですけど、私たちの結婚の形態をなにも知らず、一般論ですべてを考えていらっしゃるんだと思うんです。それを鵜呑みにした尚三が……、ケンカをしてから私を憎んでいたようですから……。

私は、私たちの結婚生活はお互いの協力と思いやりによって成り立っている結婚だと考えて誇りを持っていたんです。今回のことは、夫の暴力が原因で起こった夫婦ゲンカがきっかけです。決して金

銭に関してお互いの協力がなくなったから起こったことではありませんよね。それを、お金で解決するという方法を私は取りたくありません。

先生、本当に勝手で申し訳ありませんが、調停を途中でやめるってことできますか?」

伊武木弁護士は、調停でのメモを見ながら意外そうな表情であきさんの話を聞いていたが、眼鏡のうえから、どう思うかというように私の方を振り返った。私は、あきさんに聞いた。

「あきさん……。調停を途中でやめてどうするつもりなんですか?」

「私は、もう一度彼と直接話し合ってみようと思うの。少し落ち着けば、彼は理解すると思うのよね。なんだかわからないけど、弁護士さんのいうとおりに物事が進んでいるだけじゃないのかしら……。私ね、本当に、戸籍上は離婚しても、彼がもとどおり一階でお店をやったっていいと思っているのよ。一緒に住んでいたっていいと思うの。いままでみたいに、私が生活費を負担したっていいのよ。でも、彼にお金を払って解決したりすれば、私自身のプライドも傷ついてしまうわ」

伊武木弁護士は、少し考えてから、

「私は、きょうの尚三氏の考えを聞いていると、金銭がらみでなく離婚するというのは難しいと思いますが、調停を取下げることは可能ですよ。服部さんが納得できる方法が一番だと思いますので、ご自身でもう少し努力なさってみますか?」

結局、あきさんの強い希望のもと、調停は、一回目の期日直後に取下げられた。

Ⅲ　あきさん自身が試みた和解

その後、あきさんは尚三氏に、何度か手紙をしたためたそうだ。あとになって、あきさんに見せてもらったが、おおよそ次のようなことが記されていた。

「私たちの結婚は、まずお互いの家族を大切にしましょう、そしてお互いの家族の悪口をいうのは絶対にやめましょうという約束から成り立っていました。

そして、『自分の領分のことは自分で始末する』『お互いの財産は別々』という前提で、それまでに培ってきた家族や友人との信頼関係を保ち続け、互いが築いてきた財産などを不幸の種にすることなく、お互いに気持ちよく生活をしていた私たちの生活に、私は誇りを持っていました。

私たちは、お互いの収入や支出に興味を持たず干渉もしないで生活をしてきたからこそ、お互いの気持ちを損なわない幸せな生活を維持してきたのだと思います。お互いに子どもがいるので、どちらかが亡くなったあとのことも考え、生活費以外の財産は一切干渉しないという約束だったはずです。

それなのに、いざ離婚となったらお金が引き換えになってしまう……。それって考えかたがおかしいと思います。

お互いに感情的になってしまった結果、このような事態になったのだと思いますが、少し頭が冷えたいま、直接話し合ってみませんか。あなたが依頼した弁護士さんは、私たちの結婚の形をご存じないのではないでしょうか。そのような弁護士さんがなかに入っても、うまく解決できるとは思いません。せっかく楽しく過ごした何年間かの思い出を壊したくありません。

あなたのために協力できることがあれば、協力したいと思います。書類上離婚したのちも、あなたがいやでなければ、いままでどおり一緒に生活を続けていただいてもいいと思っています」

しかし、尚三氏からはなんの連絡もなかった。

Ⅳ　今度は訴えられちゃった！

その年が終わろうとしているある日の午後、日当たりのよい「I's」の事務所のソファで、一仕事終えたあきさんと村田さんが紅茶を飲みながら雑談をしていたとき、玄関のチャイムが鳴った。

「ウフフ、裁判所からのご招待状みたいよ」

玄関に郵便物を受け取りにいった村田さんが「特別送達」という赤いスタンプが押してある、A4版ぐらいの大きさの東京家庭裁判所の封筒を手にニヤニヤしながら階段をあがってきて、あきさんに渡したという。あきさんは怒ったように私に電話をしてきた。

「ねえ、聞いてよ。村田さんったら、うれしそうに裁判所からの封筒を私に渡したのよ。それも、『裁判所からのご招待状です』だなんて皮肉をいって……。でも、いずれはちゃんとしなくちゃいけないんだから、まぁ仕方がないわね。平野さんになるべく早く全部任せちゃいたいわ。もう、ほとんど全部話してあるから任せられるわよね。私はこんな非生産的なことにかまっていたくないの。この封筒のなかに、訴状[3]っていうのと期日呼び出し状[4]っていうのが入っているけどどうすればいい？　私、不愉快だから関わりたくないんだけど、もう事情はお話してあるから、あとはお願いできるかしら？」

　私は、まず訴状をファックスで送ってもらうよう依頼し、事件を受任するにはどうしても打ち合わせをする必要があることを説明し、伊武木弁護士の予定を確認しながら、数日後、事務所で会う約束をした。


　約束の当日、チャコールグレイの細身のパンツにツイードのジャケットを身にまとったあきさんが、村田沙保さんをともなって事務所に現れ、いつかのように秘書たちに向かい、

「お嬢様がたとまた当分お目にかかることになりそうね、よろしくお願いします。甘い物を食べると頭の回転がよくなるんですって、召しあがってみて」

　と笑顔であいさつし、並ばないと買えないと評判のチョコレート屋さんの紙袋を差し出した。秘書たちは歓声をあげ紙袋を受け取った。やや疲れた表情の伊武木弁護士が目をこすりながら、サンダルとカーディガン姿で奥から現れ、

「若いお嬢さんにばかり、いつもすみませんねぇ……」

　ニヤッと笑いながら二人を会議室へと促した。

「先生、尚三はいったいなにを考えているんでしょう、まったくどうしちゃったんでしょう。なんで私が尚三のことを死ぬまで養わなくちゃならないんですか？　あまりばかばかしくて情けなくて、腹が立つっていうより気が抜けちゃいました」

「尚三氏が訴状で請求していることを、平野が要約したものがここにあります。尚三氏がどういう理由で、服部さんになにを要求してきているのか、彼なりの言い分が書いてあります。服部さんも訴状を読んですでにおわかりでしょうが、誤解があるといけないので、読んでみてください」

あきさんは、村田さんにも見えるように要約文を広げて二人で読み、ため息をついた。

「はい、よく理解いたしました。誤解はしておりません。でも、ここに書いてある内容は事実とまったくちがうんですけれど、どうしたらいいんですか？」

私が整理した訴状の要約メモは次のとおりである。

一　原告杉森尚三は被告杉森あきと離婚することを希望する。

二　生活費を分担しようなどと約束したことはなく、マンションの賃料を含め、すべて尚三が負担し、あきを養っていた。

三　その他、旅行や外食などの遊興費についても、尚三がすべて負担してきた。

四　その結果、尚三の資産はほとんどなくなり、現在の収入は年金だけである。

五　尚三とあきが婚姻中に一億四千万円で購入したあき名義の家は、生活費や遊興費のすべてを

3　原告（訴えを起こす人）が、裁判所に対して特定の紛争の解決を求める申立で、通常、訴状と書かれた書面を提出しておこなう。

4　期日とは、原告・被告らが会合して訴訟に関する行為をするための日時をいうが、その期日に裁判所に出頭するよう求めた書状。

尚三が賄っていたからこそ、あきが購入することができたものである。したがって、離婚に際して、その半額の七千万円の財産分与を請求する。

六　また、尚三はあきとの結婚生活であきのために全財産を使ってしまって預貯金類はない。今後、年金だけでは生活できないので、尚三が死亡するまであきが尚三に毎月一五万円ずつ支払って扶養をするよう求める。

「ここに書いてあることは全部うそです。よくもこんなうそばかり書けたものだと思いますわ。

生活費の分担については半々でしたし、旅行とか外食など非日常的な遊興費については、バランスを考えて二人で出し合っていました。若い子じゃあるまいし、ぴったり半分ずつ出し合っていたわけじゃありませんけど、分担して出し合っていました。尚三が財産を持っていないなんてこと考えられません。だって、定期的に金の現物を購入しているといってみんなに見せたり、証券会社の人がしょっちゅう出入りしていたり、金額は知りませんけど預金通帳だって束にして持っていましたよ。

それに、いまも年金以外の収入があるのは確かです。尚三がアドバイスを続けた結果急成長した会社があって、その社長が、尚三が定年になったとき、私たちを食事に招待してくださったんです。それで、その場で、尚三とアドバイザー契約を結んで、もうなにもしなくても一生涯給料を払い続けるって……、そういう契約をしたんです。たしか毎月六〇万円だったと思います。だからこそ、尚三は、定年後も、私が家のローンを払い終わるまで、月々三五万円の生活費を私にくれていたんですよ。その会社はいまも景気よくやってますよ。年金だけの生活なんてあり得ませんよ。

尚三は、現金や金塊を貯め込んでどこかに隠しておいて、私の『家』は隠せないものだから半分にしろって要求してきているんだと思います。尚三は、どういう形で保管しているか知らないけれど、絶対に財産を持っています。それから……、私、本当に驚いてしまったんですけれどね、どうして尚三が死ぬまで私が扶養する義務があるんでしょうか。私、どうしてこんな情けない男性と結婚しちゃったのかしら。尚三自身の考えではなく弁護士の入れ知恵だと信じたいですわ」

「うーん、確かにそうですねぇ。夫が妻に対して、一生涯扶養してほしいという請求をするっていうのは、私も三〇年以上弁護士をしていてはじめてのことです……」

あきさんは、さんざん、自分は裁判に関わりたくない、もう全部話してあるのだから勝手に進めてほしいと希望したが、伊武木弁護士はたしなめた。

「裁判というのは、服部さんご自身がご自身の意思で争うものなんですよ。私や平野が手伝いますが……。さっ、作戦会議を始めましょう」

伊武木弁護士の指示で、私が、おおよそ一般的な裁判の進行について説明をし、次に、伊武木弁護士・あきさん・村田さん・私の四人で、裁判の争いかた[5]について方針を話し合った。村田さんはあきさんと多くの時間を共有していて記憶力が確かなうえ、几帳面でさまざまな資料を整理していたので、

5　訴訟とは、すなわち紛争だが、それには言い分（要求）とその理由がある。そのどの部分について、どのように争うかを裁判のはじめの段階で検討する。

あきさんが忘れているようなことでも覚えていて大変役に立つ存在だった。

　打ち合わせには二時間以上かかっただろうか。二人の結婚生活の概念は、「二人が折半で生活費を出し合い、その他の収入や財産については互いに干渉せず、それぞれ個別のものとして管理する」というものだったこと、つまり、事実上、いわゆる夫婦財産契約[6]があったのと同じ形態をとっていたことを、証拠を挙げながら主張していくことにした。伊武木弁護士は、

「答弁書[7]を作って、まず尚三さんの主張に対する認否[8]をします。認否のあとに、『被告の主張』として、いま、打ち合わせをしたことを整理して書いていきましょうね。とりあえず、こちらで文書を作って、服部さんにファックスしますので、特に『被告の主張』という部分を慎重に読んで、事実と異なる部分や服部さんの気持ちにしっくりしない部分があれば、私か平野に遠慮なくおっしゃってください。平野さん……、服部さんに伝えておくこと、ほかにあるかな？」

「そうですね、被告の主張部分で、あきさんの主張を裏付ける証拠が必要になります。たとえば、あきさんたちが住んでいたマンションの家賃が引き落とされていた通帳やマンションの賃貸借契約書、ほかにもいろいろと必要になると思いますので、なにが必要なのか整理してから連絡します」

　あきさんは、

「わかりました。そういう書類は私より村田さんの方がよく把握していると思うので、村田さんになんでも頼んでくださってけっこうよ。

　でもちょっと変よね、証拠、証拠っておっしゃるけど、結婚しようって話をするときって、とてもロマンティックな気分だと思わない？　お金のことを口にするのも恥ずかしいような……。そんなと

きに、『私たちは生活費を出しあって生活し、その他の収入は互いに干渉せず個人財産とします』なんて契約書を作ろうと考えつく人がいるのかしら。だって、それって離婚を前提にしているとしか考えられないじゃない？　ねぇ先生、そんなの作ったかたご存じないでしょ？　せいぜい、『生活費はお互いに半々ずつ出し合いましょうね』って話し合えば、それだけで、その他の収入や貯金は個人のものだっていう了解ができたってことよね。でも法律でそう決まっているなら仕方がないけど」

早々に荷物をまとめ、あきさんは立ちあがった。そして突然思い出したように、笑いながら、

「尚三ったらね、私と結婚するときに、自分は何度も手術をしていて悪いところがたくさんあるから、せいぜい六〇歳ぐらいまでしか生きられないって医者にいわれたんだっていったのよ。それでね、本当は食べ物を制限した方がいいんだけど、寿命を一年延ばすより、好きなことをしたいっていってね、どうせ長くはない人生だから一緒に楽しもうってあんな贅沢をして生きてきたのよ。六〇歳までといい言葉が頭に残っていたんで、彼が定年後に店をやりたいっていいだしたときに可哀想になっちゃってね、せめて定年後に少しの間だけでも元気でいられたら、店をやらせてあげたいなあって思ったのよね。それがさ、いまもピンピンしているだけじゃなくてこんな要求してくるなんてね。もう天寿を全うしているはずだったのに……」

6　婚姻の届出前に、婚姻中の夫婦の財産関係についてする特別の契約（民法755条）。
7　原告が裁判所に提出する訴状に対応する形で、被告が提出する書面。
8　相手方の主張する事実を認める（そのとおり）か、認めないか（間違っているか）を決めて主張すること。

あきさんと村田さんは、もうとっくに尚三氏の三回忌を終えているはずだった、と冗談を言い合いながら帰っていった。

伊武木弁護士は、次の日、答弁書の概要を書きあげた。

「平野さん、服部さんの答弁書だいたい書き終わったよ。認否の部分はこれでほとんど完成ということでいいと思うんだけど、被告の主張の部分は同性の君の感覚で読んでみて。服部さんが話していたニュアンスとちがうんじゃないかと思うところがあれば表現に工夫を加えて、それから立証[9]できそうな資料があるかどうか考えて……、村田さんに書証の有無を確認しながら仮に書証[10]番号を振っていってみてくれないかな。答弁書の段階で、なるべくくわしい事情がわかるように重要な部分はすべて書いて立証してしまいたいんでね」

「はい、わかりました」

私は、伊武木弁護士が作成した答弁書の体裁を整え、事実を証明できるような資料をノートに書き出していった。

まず、生活費を二人で分担して負担していたことを証明するために、尚三氏とあきさんの二人が住んでいたマンションに関して「I's」が賃借人として不動産業者と交わした賃貸借契約書、毎月「I's」の口座から家賃が引き落とされていたことがわかる預金通帳と帳簿類、マンションを社宅扱いとすることについて尚三氏が「I's」の取締役を勤めていた期間の取締役会で承認していることを示すための取締役会議事録などをそろえ、次にあきさんが現在居住している家を単独で購入したことを示すために、あきさんの単独名義になっている土地の売買契約書や建物の施工契約書、それに付随するあきさん宛ての請求書や領収書のたぐい、連帯保証人をつけずに銀行へ提出した融資申込書と融資決定書などをそろえた。

答弁書と書証の準備が終わり、あきさんの了解を得たのち、裁判所に提出した。

答弁書の概要は以下のようなものである。

一　あきは、尚三と離婚することに同意する。
二　マンションの賃料はあきの会社の社宅扱いにしてあきの負担とし、あきは尚三からマンション賃料と同額の三五万円を受け取り、食費その他の生活費に充当した。要するに、生活費は半額ずつ負担し、それ以外の収入は各自が自由に使っていた。
三　遊興費に関しても、旅行費用は主に尚三の負担、外食費は旅先の分も含め主にあきの負担として出費のバランスを取っていた。
四　互いの収入・財産については互いにまったく関知せず、相手がいくら持っているのかたずね

9　原告・被告間で争いのある事実関係を証拠によって証明すること。
10　証拠が書類である場合、裁判所に提出するごとに、1、2、3と番号を付けていく。ちなみに、原告は甲1号証から始まり、被告は乙1号証から始まる。

ることもなかったので、尚三氏がいくら持っているかは知らない。

五　不動産はあきが単独で購入したものであり、このことは、尚三が銀行借入の連帯保証人にさえ名を連ねていないことからも明かである。

六　あきは尚三を一生涯扶養する義務は負っていないし、扶養する財産的余裕もない。

答弁書に対して、尚三氏側は、準備書面[11]上で次のような反論を繰り広げた。

一　尚三は、二人が住んでいるマンションが「I's」の社宅扱いになっていることは知らなかった。あきに、家賃として毎月三五万円を手渡していた。

二　「I's」の通帳や帳簿を見るかぎり、マンションの賃料は「I's」から支払われていたようだが、そうだとすれば、あきは、尚三から一カ月三五万円を毎月だましとっていたことになる。

三　日々の食事については、尚三が会社帰りに材料を購入し、夕食を作っていた。

四　食料品を購入する際に、生活雑貨も尚三が買うようにしていたので、あきは生活費をまったく負担していない。尚三が負担した一カ月あたりの食費や生活雑費は約七～八万円だった。

五　その他、旅行や外食費などの遊興費もほとんどすべて尚三が負担していた。一回当たりの外食費は平均して二人で五千円～一万円程度、旅行費用はさまざまだった。

六　あきは、尚三からだましとった月々三五万円や、あき自身の役員報酬を貯めて、不動産の購入資金とした。

七　したがって、あき名義の不動産は夫婦の共有財産[12]である。

尚三の代理人弁護士から送られてきた準備書面を読んだ伊武木弁護士は、私にその書面を渡しながら、

「ねえ、これ読んでみて。服部さんの怒る顔が目に浮かぶような内容だよ。でも、これほどお互いの言い分が対立している離婚事件も珍しいなぁ。だいたい、こんなに手がこんだ方法で妻が夫からマンションの賃料をだましとっていたなんて。これが本当なら手のこんだ詐欺だね……」

私は、その準備書面を読み、あきさんが怒るだろうと考えながら、電話をした。

「平野です。尚三さんから反論が出てきたんですけどね……。とにかくファックスで送ります。ゆっくり読んでから、都合のよいときにお電話いただけますか?」

私は、あきさんからの電話をずっと待っていたが、電話があったのは次の日だった。書面に書いてある内容に驚き、電話をかける気分にならなかったとあきさんは話した。打ち合わせをする気にもならないというあきさんを説得し、村田さんとともに事務所に来てもらう約束をした。

11　予定された裁判の期日前に提出する書面。ここでは自らの攻撃方法および相手方の攻撃方法に対する防御方法を記載する。

12　婚姻中、夫婦の一方の名義で得られた財産は、夫婦の共有と推定される（民法762条2項）。

「あのね、村田さんとも話したんだけど、尚三はボケちゃって本当にそうだったと思い込んじゃっているのかしら？　そうだとしたら気の毒な気もするけど。それとも私のことが憎たらしくて弁護士と相談しながらいやがらせをしようとしているのかしら……。だとしたら見損なったわ。どっちにしても、これまで私が説明してきたことが真実なのよ。これから先、どうしたらいいのかしら？」

珍しく意気消沈している様子のあきさんに、伊武木弁護士が一つずつ確認していった。まず、問題になっているマンションの賃料三五万円について、あきさんは、社宅扱いにすると節税になるという尚三氏のアドバイスで、マンションの賃借人名義を「I's」にしたこと、毎月「はい食費」といいながら、尚三があきに三五万円を渡していたことを繰り返し説明した。そして、

「まったく笑わせてくださるわね。私は、青山や広尾のスーパーマーケットで、週に一度ぐらい、ワインなんかと合わせて、最高のお肉やお魚やお野菜をまとめ買いして届けてもらっていたんだけど、一回の支払いが大抵六、七万円だったわよ。尚三は、自分が支払いをしたことがないから物の値段がわからないのよ。私はね、食事作りは大好きだし早いと自負しているの。朝食の準備をしながら夕食の下ごしらえをして、夕方、ちょっと手を加えれば夕食の準備ができあがるようにして仕事に出かけていたの。尚三が夕食の支度をしただなんて、『じゃあ、いったいどんなお料理がお得意なんですか』って聞いていただきたいぐらいだわ。

それから、この『一回当たりの外食費は平均して二人で五千円〜一万円』って金額もどこから出たものなのかさっぱりわからないわ。尚三は自分で払っていないからレストランの値段も知らないのね。私たち、話題の店を食べ歩きしていたのよ……。名前を出したらきりがないけど、普通では予約が難

しい店を特別に予約していただいたりしてね。もちろんいつもそういうお店だったわけじゃないけれど……。こんな、ラーメン屋さんみたいな金額ですむはずないわ！　ワインも日本酒も料理に合った最高のものを好きなだけ飲んでいたのよ、単位がちがうわよ」

と憤った。いつもは冷静で必要なことだけ話す村田さんも、

「私はね、杉森さんが『会社帰りに買い物をして夕飯の支度をした』っていっているのがおかしくって。どうしてこんなでたらめをいうのかしら。私はしょっちゅうあきさんのマンションに行っていたし、あきさんが家を建ててからは二階が住居で三階が事務所だったからよく知っているんだけどね、杉森さんが買い物をして帰ってきて、夕食を作っているのなんか、ただの一度も見たことないわ。

服部さんはお料理が上手で手際もよくてね、だいたいは出勤前に夕飯の下ごしらえをして仕事に出かけてきていたのよ……ね。『きょうはミートローフを型に詰めてあとはオーブンで焼けばいいだけにしてきたのよ』なんて夕食のメニューの話をよくしていたわ。もちろん、仕事で遅くなる日もあったけど、どちらにしても、杉森さんは帰ってくるとすぐに一時間ぐらいかけて入浴して……、テレビの前に座って食事が出てくるのを待っていただけだったわ……。

杉森さんが店を始めてからは、少し作りすぎたから食べないかなんて誘ってくれたりもしたけどね。あと、杉森さんが食料品と呼べるものを買ってきたとすれば、だいたい内容が決まっていて、たこ焼きか焼き鳥……ね。大好きだったわよね。それでさ、私にも『食べろ、食べろ』ってたこ焼きの箱を持って家のなかを歩いていたわよね。その費用が月々七、八万円もかかったっていっているのかしら。二人の結婚生活のうちの何年間かは、会社のスタッフが三階にいて、二人の生活を見て知っているの

に、こういううそがいえちゃうっていう神経が不思議よね」

村田さんは、尚三氏がどれほどワンマンであったか、そしてマイペースであったかなど、いくつものエピソードを交えながら話した。私は、二人の話の一言一句を聞き逃さないよう、ノートに書き綴っていた。私のノートは、字だけではなく、私が考えた省略記号のようなものが並んでいて、他の人には理解できないと思う。でも、私が見ればそのときの話し手の表情や光景まで浮かんでくる。

「いやねぇ麻里ちゃん、そんなこと関係ないから書かなくたっていいのに」

と制する村田さんに向かって、伊武木弁護士は、

「案外ね、いまの村田さんの話のような内容があとで役に立ったりするんですよ。尚三さんの人となりがわかるでしょ。特に尋問のときに役立ったりね。だからぼくは平野さんに、とにかくなんでも正確にメモしておくようにっていってあるんですよ。それになにが大切な事実として浮きあがってくるか、いまの時点ではわからないことも多いからね。もっとも、平野さんの字はきたなくて彼女だけが判読可能なスパイみたいなノートだけどね」

何度も準備書面が交わされ、相互に膨大な量の証拠が提出されたが、期日を重ねるごとに事件は泥沼化し、特に尚三氏が感情的になり、あきさんについて罵り侮辱し傷つけるような書面が連続して提出された。あきさんが、尚三氏を名誉毀損で訴えたいと憤るほどの内容だった。

あきさんが頭脳明晰なのはもちろんのこと、村田さんも驚くほど記憶力と勘がよく、尚三氏の主張を覆したり、あきさんの主張を立証するために役立ちそうな書類の存在を見つけ出しつぎつぎと持っ

てきてくれた。伊武木弁護士が提出した証拠は膨大なものになり、きちんとファイルしても二〇センチ以上の厚みになった。伊武木弁護士は、一貫して、黙示[13]であったとしても夫婦財産契約があったことを前提にしたうえで、「仮に夫婦財産契約がなかったとしても、あきさん名義の不動産は結婚前のあきさんの単独資産を換金し購入した個人財産だ」ということを主張していった。

その立証のため、伊武木弁護士は、あきさんの手元に残っていた、昔の証券会社の取引明細書や古い預貯金通帳をすべて預った。そして、あきさんが結婚前からそれなりの資産を持っていて、自分自身の蓄えと収入だけで家を建てることが可能だったことを立証できるような書証の準備をするよう、私に指示をした。

私は、結婚前のあきさんの資産について詳細を知りたいと思ったが、服部あき名義の古い通帳は処分されていたり、あきさんが利用していた証券会社の支店が他の支店に統合されているなど、正確な立証は想像以上に難しかった。あきさんになにか質問をすると、

「エーッ、そんな昔のこと覚えてないわ。とにかくそちらに預けてあるのがすべてで、それ以上私のところにはなにもないからわからないわ。いまそっちに預けてある物のなかでなんとか考えてくださらない……?」

13　明確に示していなかったとしても、象徴などにより暗黙のうちに意思などの表示をすること。ここでは、契約書はなかったとしても、二人の生活形態の象徴として夫婦財産契約があったことが推認される、と述べている。

だいたいいつもそう答えた。

エーッ、といいたいのは私の方だった。とにかくあきさんが結婚前に家を購入するのに充分な資産を持っていたことを証明しなくてはならない。私は、箱のなかに納められた数十冊の預貯金通帳や証券会社の報告書に埋もれながら、役員報酬・給与以外の入金があると、それがどこからどのような理由で入金されたものなのかを逐一調べていった。結婚前に預け入れたらしき定期預金が満期を迎え普通預金口座に入金となっていたり、結婚前に購入したらしき株の配当が入金となっていたり、結婚前に貸したらしきお金が分割で返済されていたり、結婚前に購入したらしき株を売却したお金が証券会社から振り込まれていたり、その他さまざまで、作業には非常に時間がかかった。そのうえ、結婚前から持っていた資産だという事実を裏付ける証拠がほとんどなく、通帳の流れから推測するという域を出ないものが多かった。

私は、一〇日以上（延べ百時間以上）、土曜、日曜もなく、ほとんどかかりきりで多数の通帳類に埋もれ、多額の金銭の乱舞と戦い続け、通帳を見ると実際に吐き気がするほどうんざりしていた。私は、こんなにたくさんの数字と戦うのははじめてだった。若者が「キレる」という言葉をよく使うが、私もキレた。

「あーっ、まったく冗談じゃないわ。本人が、そんな前のこと忘れちゃったわ、なんていっているのに……。私がいくら通帳の隅から隅まで調べたって、もうこれ以上のことがわかるはずないわ！」

小さな声でつぶやき、椅子の背にもたれて背伸びをした。伊武木弁護士の耳に届いたらしく、私の机の方に歩いてきた。

「見せてごらん……。ああ、それなりに、結婚前に持っていた資産と、結婚後に得た資産が整理されているじゃない。へぇ……、表にしてみたんだ。もう何日間もこればかりやってるから、きょうはここで一区切り。外に出て気分でも変えてきたら？　また、あしたからやればいいよ」

その言葉を聞き、「どうして私がやるって決まってるの？」と抗議したかった。そして、結局、私が作業を続けることになるのだろうと再認識して余計うんざりした。それから何日間も同じ作業を続け、資産の仕分け作業は一応終わった。

尚三氏は、その手持ち資産について、婚姻後一〇年間ほど役員報酬が振り込まれていたわずかな残高しかない二口座の通帳を提出し、一貫してそれ以外の銀行口座は持っていないし資産もないと主張していた。しかし、二口座それぞれに、「テイキヨキンオリソク」という名目で、年に数回ほど数万円ずつ振り込まれた記録が残っていた。結局、別居後、裁判が始まる前までの間に、何口かの定期預金が満期になるたびに解約され、その合計は二口座に利息が入っていた定期預金だけで五千万円程度になることが判明した。

伊武木弁護士は、いつものように少しずり落ちた眼鏡を通して、私がまとめた「あきさんの資産に関する資料」を見ていたが、顔をあげ、

「そうか、整理するとこうなるのか……。しかし、服部さんっていう人はやり手だねえ。女性個人の通帳でこんな頻繁に多額のお金が動いているのを見たことないよ。二人合わせてこれほど収入がある夫婦っていうのも少ないだろうな。

うーん、尚三氏は……、確定申告書を見るかぎり、収入は平均して三千万円以上あるのに、銀行口座は二つしかないって言い張っていて、その二つの通帳に入金になっている報酬は年間二千万円足らずっていうことか。残る一千万円を尚三氏はどういう方法で受け取っていたんだろうなあ……。隠し口座を持っているか、現金で受け取っていたか……。どちらにしても多額の財産を隠している可能性が高いよね。昔、銀行の貸金庫に何億もの現金を隠していたって人もいたもんなぁ。証拠として提出されている二口座だけが、尚三氏の全財産だっていうことはありえないなあ」

「ええ、この二つの通帳だけ見ても、一度に五百万円とか一千万円程度の現金がたびたび引き出されて、それがもう一冊の通帳に入金になっているわけでもなく、どこに行ったのかわからないっていうのが何度もあるんですから、それも不自然ですよね。普通預金に一定額が貯まると、決まって五百万円以上の現金をおろしていますもんね。尚三さんは、おろした現金は使ってしまったなんていっていますが、仮に使うのなら使う分だけおろしますよね。いずれにしても現金で一度おろしてしまえば、どんな方法でも隠せますものね」

「そうだな。平野さん、これ弾劾証拠[14]に使えるように、報告書という形でまとめてくれる?」

　私は、指示にしたがい、報告書を作成した。

　裁判官からは、何度か和解勧告[15]がなされたが、あきさんは絶対に和解に応じる姿勢を見せず、

「和解っていうからには、お互いに歩み寄って、おそらく私がいくらか払って、この争いを納めるっていうことでしょう?　冗談じゃないわよ。だって私が尚三にお金を渡す理由なんてないもの……。

尚三は、お金はありませんっていっているんでしょ。だけど、あんなに証券会社が出入りしていたのに、一銭もないなんて考えられないわ。どこかになんらかの形で隠しているんだと思うわ。私はね、ずるいことはきらいだから払うべきものは払うわよ。でも今回のことは絶対に払わない。払えっていう判決が出たら、懲役刑だってなんだって受けて刑務所に収監されてもいいから、尚三にお金を払うのだけはいやだって裁判官に伝えておいて！」

あきさんのこの発言に、みな爆笑した。

結局、裁判の争点は、

一　尚三氏とあきさんの間で財産分与請求権を行使しないという合意があったのか。

二　明示の夫婦財産契約がなかったとしても黙示の夫婦財産契約が認められるような生活形態だったか。

三　あきさんの固有財産だけで不動産を購入できる資力があったのか。

という三点に絞られていた。

裁判が始まっておよそ一年半が経ったころ、双方の本人尋問[16]がおこなわれた。

14　相手方の主張や証拠の不正を暴き責任を追及するための証拠。通常の証拠と異なり、尋問の際に提出することができる。

15　当事者の話し合いによって裁判を終了させせないかという裁判所からの申し入れ。

16　原告・被告本人に対する、裁判における尋問。

私はその日はじめて尚三氏を目にしたが、私が想像していた「あきさんのご主人」とはかなりイメージがちがっていて驚いた。手入れが行き届いていない茶系のスーツを身につけ、肩にはふけが目立ち、想像していたよりかなり老いて見え、老人特有ともいえる狡猾な表情が見え隠れしているように感じられた。

本人尋問で尚三氏は、多額の収入のほとんどすべてをあきさんのために使い果たした一文なしの可哀想な病身の老人を裁判官に印象づけたかったのかもしれない。

本人尋問は、まず原告である尚三氏から始められた。主尋問[17]は、これまで尚三氏から提出された準備書面をなぞるような形で簡単に終わった。

伊武木弁護士が、尚三氏に対する反対尋問[18]で、裁判官に弾劾証拠の提出を申し出た。

「裁判官、ここに平野麻里子が作成した報告書があります。この乙号証を弾劾証拠として提出します。この報告書は、原告が提出した通帳を仔細に調べ、整理した結果を報告したものです。この報告書にあるとおり、原告は、離婚裁判の少し前まで、二口座に利息が入っていた定期預金だけで五千万円程度のお金を所有していたことになります。そのお金は、なにに使ったのですか？　原告、お答えいただけますか？」

「うーん、五千万円ねえ。……。忘れました……。年齢《とし》をとりましてねえ……。もういろいろと忘れるんですよ……」

「あなたは、最近銀行からおろした五千万円の使途を忘れてしまうほどのお金を持っていた。そうですか、わかりました。けっこうです。ところで、この報告書によれば、□□年から△△年まで、毎年、報酬として二口座に振り込まれてた金額の合計と確定申告書の収入との間に、一千万円以上の開きがあります。この一千万円は、どこか他の口座に入金になっているのではないですか」

「エーッ、そうですか。それはちょっとわかりませんねぇ。他の口座は持っていないし……。なにしろあきの知り合いの税理士が作った確定申告書ですから、なにか細工をしてあるのかもしれませんねえ……」

ここで、尚三氏の代理人弁護士が異議を唱えた。

「急にここでこんな報告書を出されたって、もう何年も前のことですから、忘れてしまってすぐには答えられません」

伊武木弁護士は、

「けっこうです。尋問は終わります」

と反対尋問は終わった。伊武木弁護士は、この最後の尋問で、裁判官の心証[19]をあきさん勝訴の方向に向けられたと感じたのではないか。私も傍聴席で拍手を送りたい気分になっていた。

また、外食費の金額に関する尚三氏の主張が二転三転していたためか、最後に、裁判官が補充尋問[20]

17 証人を申請した側がおこなう尋問。ここでは、尚三氏の代理人が尚三氏に対しておこなう。
18 証人を申請した相手方の主張を覆そうという趣旨でおこなう尋問。ここでは、伊武木弁護士が尚三氏に対しておこなう。
19 裁判官が訴訟の審理において、心中に得た認識、または確信。
20 原告代理人・被告代理人の尋問が終了したのちに、裁判官が補充的におこなう尋問。

をおこなった。

「もう一度お聞きしますが、あなたはお二人の一回の外食に、平均していくらぐらい支払っていたのですか?」

「ウーン、旅行のときは……」

「いいえ、私が聞いているのは、旅先でも東京でも平均して一回当たりの外食費はいくらぐらいでしたかということなんですけれどね」

「一〇万円ぐらい……、でしたかねえ」

「いえいえ……。もう一度聞きます。あなたが支払った外食費の『平均』は一回当たりいくらぐらいだったんですか?」

「えー、一〇万円ぐらいでした」

「はい、終わります」

傍聞席で尋問を聞いていたあきさんはもちろんのこと、村田さん、そして私は驚きのあまり顔を見合わせた。最初は一回当たり五千円〜一万円と主張し、その金額が徐々にあがっていったが、ついに、最後に一〇万円になった!

次に、あきさんが証人席に立ち、主尋問から始まり、ゆったりとした口調で証言を始めた。

二人の結婚生活は、生活費を互いに月々三五万円ずつ、つまりあきさんがマンション賃料の三五万円を会社の社宅扱いにするという形で負担し、住居費と同額の三五万円を尚三氏から受け取って食費やその他の生活費にするという形態を取っていた。それ以外のお互いの収入については、お互いに興味を持っていなかったし、使いかたについて干渉することもなかったこと。社宅扱いにしたのは、そのようにすれば節税対策になると尚三氏からアドバイスがあったからであり、尚三氏が知らないはずはないこと。遊興費については、きっちり決めてあったわけではないが、旅行の際の交通費とホテル代は尚三氏が支払い、食に関することは旅先であろうと東京での外食であろうとすべてあきさんが支払って、二人の支出のバランスを取っていたことなどを証言した。外食費の金額に対する質問には、

「たまには、一回で一〇万円以上するようなレストランに行くこともありましたけれど、私たちの外食は日常化していて、週に一、二回もしくはそれ以上が外食でしたから、平均したら、一回三万円程度だったと思います」

と答え、なぜ夫婦財産契約があると認識していたのかという質問に、

「生活費を分担していたことはもちろんですが、お互いの収入がいくらあったのかもくわしくは知りませんでしたし、三五万円の生活費以外、お互いがどのようにお金を使っていたのかについて話をしたこともありません。それから、お互いの家族に関する出費、例えば子どもの結婚や出産などについてはおのおのがそれぞれの考えで自分のお金から経済的援助などをしていました。親戚付き合いもおのおのの責任の範囲ですることにしていました。あと、夫が私に『相続放棄』の手続をしておかなければといっていたので、ああそれじゃあ財産は別々だなって思っていたんです」

と答えた。反対尋問はごく簡単に終わり、尚三氏のときのように裁判官が最後にたずねた。

「ご主人が、相続放棄の手続をしておかなければといったということですが、その手続はしたのです

か？」

「いいえ、していません」

「どうしてしなかったのですか？」

「夫が、財産は別々なんだと思っているという考えを聞いた時点で、それならもめごとは起きないだろうと安心してしまい、なにもせずに今日にいたりました。しておけばよかったと後悔しています」

「はい、終わります」

一人一時間ほどの本人尋問は終わった。あきさんは、晴れ晴れした顔をして、

「私、変なことといっていなかったかしら？　そう……、けっこうよくできていた？　それにしても、あの人ったら、一回の外食費の平均が一〇万円だったっていってたけど、はじめは五千円なんていっていたくせに、きょうは二〇倍にもなっちゃって、あれを聞いただけでも彼がうそつきだってわかるわよね。まあねぇ……、ああいう人と結婚したのは私なんだからねぇ」

と、興奮しながらもやや自嘲的であった。

あきさんは、一度は惚れた男性の、これまで知らなかったいやな面を見てドッと疲れが噴き出したような感覚だといい、喫茶店にも寄らずに帰っていった。

裁判は終結[21]し、本人尋問から二カ月が経ったころ、判決が言い渡された。

判決の内容とその理由を、ごく簡単にまとめると次のようなものになる。

判決主文[22]は、離婚については認め、あきさんが尚三さんに二一〇万円を支払え、その他の請求につ

いては棄却[23]するというものだった。

裁判所は、「明らかになった生活形態から考えると、各自の金融財産については財産分与の対象外である」と判断して、夫婦財産契約の有無の認定をしないまま、「あきさん名義の不動産はあきさんの固有財産である」と認めた。

あきさんが尚三さんに二一〇万円を支払えという根拠は、「あきさんが六カ月間休職していた期間があり、その間尚三氏がマンションの賃料を支払っていたことはあきさんも認めるところであって、あきさんが主張しているように生活費を分担して生活をしていたのなら、マンションの賃料三五万円六カ月分を尚三氏に支払え」というものであった。また、一生涯あきさんが尚三氏を扶養する必要性については、「これまでも互いに自分の生活に責任を持って生活をしてきたのであるから、今後も、あきさんが尚三氏を扶養する義務はない」と判断している。

伊武木弁護士は、あきさんに判決の内容を説明したのち、

「家裁らしい判決ですね。明確に夫婦財産契約の有無に触れないまま、不動産はあきさんの固有財産だと認定しています。裁判官が、直《じか》にあきさんと尚三氏の本人尋問を聞いていて、お互いの財産はお互いが好きなように使っていたという印象を強く持ったのでしょうね。それでこのような判決になっ

21 裁判手続のうち、判決言渡期日をのぞきすべての裁判手続が終了したこと。
22 裁判の判決内容の結論を簡潔かつ明確に表すもので、原告の訴えに対する裁判所の結論を示してある部分。
23 原告の言い分を認めないとする裁判所の判断。判決主文で言い渡す。

たのだと思います。そして、あきさんが尚三さんに支払う義務がある二一〇万円に関しても、夫婦財産契約があるかのごとき生活を送っていたのであれば、尚三さん側にすべてを養ってもらっていた期間のお金を返し、より公平を期した感がありますね。まあ、尚三氏が生活費を払わなくなってからのことを考えれば片寄っているともいえますが……、法律の条文だけに囚われることなく、当事者と事実をよく見て、裁判官の経験則[24]から導き出された判決ですね。裁判官もいろいろですが……、よかったですね」

と感想を話したが、その後、喜ぶあきさんに向かって、

「これで決まったわけではありませんよ。おそらく尚三氏は控訴[25]するでしょう。弁護士の面子もあるし……。だから喜ぶのは二週間[26]待ってください。二週間以内に相手が控訴しなければ、この判決が確定します」

伊武木弁護士の、その言葉を聞いたあきさんは、

「まあね。いま説明していただいた理由なら充分納得できるし、二一〇万円ぐらいだったら、いつでもお支払いしますよ。尚三が生活費を入れなくなってからのことは、私が、それでいいって了解していたのだから、なにもいうつもりはありませんわ。早く払っちゃってそれで決まっちゃうのならいいのに……、もう長引かせたくないわ」

と笑いながら帰っていった。

V　え〜っ、まだ続くの⁉

思ったより早く尚三氏から控訴がなされた。控訴の理由を簡単に整理すると、

一　家裁では夫婦財産契約の有無を判断していないが、事実を正しく認定してほしい。

二　あきさんが結婚前に持っていた財産だけで、不動産を購入したという立証がきちんとできていない。

三　立証ができないかぎり不動産は二人の共有財産であり、離婚の際の財産分与の対象となる。

というものであった。

「なんてしつこいのかしら。家裁の裁判官が、私たちの生活形態全体から考えて、そんな堅苦しい契約があったどうかに関係なく、あの家は私の家だって判決を出してくれたのにねぇ。控訴なんかしても結果は同じですよね。私ね、パスポートとか保険証とかが『杉森あき』になっているのがとても苦

24　経験的事実に基づいて得られた知識や法則。

25　第一審手続に対して不服申立をすること。第一審が地方裁判所（離婚事件の場合は家庭裁判所）なら控訴裁判所は高等裁判所になる。

26　第一審の不服申立期間は二週間以内と定められている。この期間内に不服申立をしないと第一審判決が確定する。

痛だし、面倒なのよね。その部分だけでも先になんとかしてくれれば、まだいいんですけどねえ」

「服部さん、家裁と高裁では必ずしも判決にいたる基準が同じとはいえませんよ。それにね、これをいってしまうと私が逃げを打っているみたいに思われるかもしれませんが、担当裁判官によって事件の捉えかたが異なるのが現実でね。もちろん、法律は一つなんだけど、裁判官も人間でしょ……。だから各裁判官でそれぞれ考え方とか方針の立てかたがちがっていて、それによってどの部分を重要に考えるのかがちがってくるんですよ。そうすると自ずと結論もちがってくるしね。それに、高裁になると法律の文言《もんごん》に忠実な……、一歩間違うと一般通念とかけ離れているような判決を書く裁判官もいますしね。高裁は、すぐに結論を出して終わってしまうこともあるので、最初の時点で裁判官がなにをどう考えているのかを察知して準備をしないとね……」


　私が、銀座のワインバーであきさんから相談を受けてから約二年が経とうとしている年の暮れ、東京高裁民事部で第一回の口頭弁論が開かれた。その際、裁判長が、結婚前のあきさんの財産がいくらあったのかという点について、もう少し詳細に立証できないかと伊武木弁護士を促した。伊武木弁護士は、努力してみるとだけ答えた。裁判長は、次回期日までに立証の方法と方針を決めておくよう伊武木弁護士に指示し、次回から弁論準備手続[27]に付すことを告げ、その日は数分で終了した。

「なんだかいやな雰囲気だねえ……。高裁の裁判官は、家裁での立証だけでは服部さんが結婚前に持っていた資産で不動産を購入したとはいえないと考えている。ということは、夫婦財産契約がなかったという前提でこの事件を考えているということだよね。うーん」

「先生……。私は、あきさんの通帳すべてを隅から隅まで調べてわかる範囲すべてを立証したつもりです。いま、事務所で預かっている通帳からあれ以上の証拠は得られません。裁判官が、もっと確実な立証方法を求めているのなら難しいと思います。だって、手元に資料が……、古い通帳がないんですから……。それから、一審で尚三氏が隠し財産を持っているであろうことは充分推認できる程度の主張・立証ができたと思っていたんですけれど、そのへんはまったく考慮されていないようですね」

「でも……、全額使ってしまったと尚三氏が主張しているから、尚三氏が隠し財産を持っていることを証明したければ、こっちで、『どこにどのような財産を持っています』って証拠を出さなきゃならないんだから、それは不可能に近いよね……。わからないもん」[28]

すでに、一審で吐き気がするほど長時間戦い続けたあきさんの通帳を見ながら、私はボーッと考えていた。どれが結婚前のお金で、そのうちのどれが不動産購入に回されたのかと問われても、お金には名前もないし色もついていない。どうやって、結婚前の蓄えで不動産を購入したと証明するのだろう……。あきさんが持っていた九千万円程度の頭金のうち大部分は、確実にあきさんが結婚前から持っ

27　公開の法廷ではなく、会議室のような場所で、テーブルを囲み、裁判官・原告・被告、その他関係者がおこなう訴訟手続の一種。会社でおこなう会議を思い浮かべてほしい。

28　裁判所における証明で「ある」ということを主張する方がおこなう。「ない」ということの証明は不可能だからである。例えば、あきさんが結婚前にだれかにお金を貸したというのであれば、借用書などで、お金を「貸した」という証明をする必要がある。尚三氏が「あきさんは貸していない」という証明をすることはできないし、そのような証明を求められることはない。

ていたと納得できる資産で、説明を聞いた私には充分理解できるものだったが、その証拠を見つけ出すのは難しかった。

例えば、結婚前に購入した株を、不動産購入の際約一八〇〇万円で処分していたが、あきさんは、尚三氏と結婚するまで、銀行窓口で受け取っていた株の配当を、尚三氏と結婚後、尚三氏のアドバイスで銀行口座への振込手続を取った。したがって、尚三氏と結婚後に他の株も含めて配当金が通帳に振り込みされるようになり、その結果通帳からは、あたかも尚三氏と結婚してから株を取得したかのように見える……。証券会社から送られた報告書は破棄してしまい手元にない……。弁護士会照会[29]で一九◇◇年ころの株主名簿を公開してもらえるか否かを問い合わせしてみたが失敗……。

また、あきさんが第一子・第二子を出産した際、前夫が、あきさんのために加入した一時払いの年金保険がそれぞれ一千万円ずつあったが、あきさんは尚三氏と結婚したのち、前夫が掛けてくれた保険をそのままにしておくのがなんとなくいやで解約してしまった。その解約返戻《へんれい》金約二九〇〇万円があきさんの通帳に生命保険会社の名前で振り込まれていた。しかし、保険証券は解約手続の段階で保険会社に返還して手元にないのはもちろんのこと、保険会社では一〇年以上前に解約された保険の記録を引き出すことはできないとのことであった。したがってその二九〇〇万円も、結婚前に加入した保険の解約返戻金だと証明することはできなかった。

その他、あきさんが結婚前に友人に貸し付けた一千万円が、結婚後二回に分けて返済された記録が残っていたが、返済完了と引き換えに借用書を友人に返したので、貸し付けたことを裏付ける資料はなにもなく、その友人は、数年前に渡米しているということで連絡をとることはできなかった。

九千万円の頭金のうち、あきさんや村田さんの記憶や通帳の内容から、株を売却した約一八〇〇万円、年金保険を解約した約二九〇〇万円、友人から返済された一千万円の合計約五七〇〇万円は、結婚前に持っていた資産だということが強く推認できたが、いずれも証明はできなかった。

結婚前から放置したままの定期預金や、自社株を社員に売却した金額など明らかに結婚前の資産だと証明できる金額は、二千万円足らずだった。

また、あきさんは、四〇歳の誕生日から、すこやか信用金庫で毎月三〇万円の一〇年満期定期預金を約四年間にわたって継続しており、尚三氏と結婚した直後から、その定期預金が毎月満期を迎えるようになったため、満期金と利息とを「I's」のメインバンクであるニコニコ銀行の積立定期預金に預け替えをしていたということだった。したがって、これら預け替えをした元金と利息はすべてあきさんが結婚前に貯えたものだった。すこやか信用金庫の定期預金は一〇年満期だったため、それなりの利息がつき、四年間の分すべてがニコニコ銀行の積立定期預金に移ったときには、おおよそ一九〇〇万円程度になった。

私は、この一九〇〇万円については立証ができるだろうと考え、総合口座通帳を調べ始めた。しかし、あきさんは、毎月近くのすこやか信用金庫で定期預金解約手続をし、あきさんの名前でニコニコ

29　弁護士は受任している事件について、所属弁護士会に対して、公務所または公私の団体に照会して必要な事項の報告を求めることを申し出ることができると定めている。弁護士は、この手続で事実を照会する（弁護士法23条の2）。

銀行の総合口座に振り込みをし、総合口座から積立定期預金に自動振替されていた。したがって、すこやか信用金庫に結婚前から預けていた定期預金だということは、ニコニコ銀行の通帳からではわからなかった。私は、あきさんに電話をかけて聞いてみた。

「あきさんから預かった通帳を見ると、すこやか信用金庫から、あきさんの名前で、ニコニコ銀行に毎月お金が振り込まれていたことはわかるんですが、そのお金が結婚前に積み立てておいた定期預金が順次満期になっていったということまではわからないんですよね。すこやか信用金庫の解約した通帳なり証書なりが手元にないでしょうか」

「エーッ、そんなのないわよ。だってそんなもの必要ないじゃない……。処分しちゃったわ。私は村田さんとちがってなんでも捨てちゃうのよ。だってね、私の収入から考えたって、結婚してから家を建てるまでの間に、そんなにたくさんの貯金ができっこないじゃないの。そう説明すればいいじゃないの。それじゃダメなの？」

またまた私が、「エーッ」といいたかった。「そう説明すればいいじゃない」ですって？　そんなんじゃダメだから聞いているのに！

以上を計算してみると、あきさんは九一〇〇万円のお金を結婚前から持っていたと推認することはできる。表を作成し、「固有財産の内容」という項目を作り、結婚前から持っていたことを証明できる金額をはじめに記載し、次からは推認の度合いの高い固有財産から順次記載し、その右側を「通帳の動き・その他」という項目にして、事実を裏付けると推認される通帳の動きにつき個別に主張してみた。

作成した表を伊武木弁護士に渡し、精一杯立証の工夫をしたことを伝えた。おかげで、だれの預金通帳であろうとも、しばらくは預金通帳を見るのがいやになった。

高裁では弁論準備手続が二回おこなわれたが、裁判官は夫婦財産契約のことにはまったく興味を示さず、あきさんが結婚前に貯えた資産からどのようにして不動産の頭金を用意し、その後どのようにして銀行ローンを支払っていったのかという点にのみ興味を示した。

「まずいなぁ……。裁判官は、あきさんが不動産購入の資金をどうやって捻出したのか、その部分ばかり突いてくるねえ。ということは、こちらが準備書面で再度主張したにもかかわらず、夫婦財産契約と財産分与請求権不行使の合意はなかったと考えているっていうことだね」

「そうですねぇ。でも、家裁でも裁判官は不動産を購入したときの資金繰りの点をわりと執拗に聞きましたよね。それなのにああいう判決だったから、高裁でも同じということは考えられないでしょうか」

「どうかなぁ。現在の立証の程度だと、高裁では尚三氏の請求がもう少し認められそうな気がするなあ……。家裁では、裁判官が本人尋問に時間をかけて、自分の目で二人の対応を見て、夫婦財産契約はなかったとしても、夫婦それぞれが生活費については互いに協力し合っていたし、自分の子どもや親戚のことにそれぞれが責任を持ち、相手の子どもや親戚のことには口を出さなかった……。つまり夫婦財産契約があったのと近い生活をしていたというのを肌で感じたんじゃないのかなぁ。高裁は、それがなかったからねぇ」

控訴後、一年弱で審理は終了し、とりあえず和解を試みることにした。裁判官は、和解期日に心証を開示[30]し、和解が成立しないようであれば、判決が言い渡されることになった。

Ⅵ　私って未亡人？

和解期日まで一〇日ほど残したある日、裁判所から事務連絡が送付された。曰く、

「上記当事者間の本件訴訟は、控訴人死亡（二〇××年〇月〇日）により当然[31]終了しましたから通知します」

何度も読み返した。信じられない気持ちだった。前回期日の数日後、尚三氏は亡くなっていたのだ。

もちろんすぐ、あきさんに連絡した。

「え、それってどういうこと？　裁判はどうなるの？」

「尚三さんが亡くなられたので裁判は終わりました。離婚の裁判ですから、当事者がいなくなってしまえば、判決の出しようがありませんからね。どちらかが亡くなってしまえば、離婚の裁判そのものがなくなってしまいますから……。ほかの種類の裁判では、相続人があとを継いで裁判が続くっていうこともあるんですけどね。離婚の裁判は当事者が亡くなってしまえばそれで終了するって……、そうするしかありませんからね……、そのように法律で決まっているんです」

「なんだかよくわからないけど……、私はどうなるの？　死別っていうこと？」

「ええ、世間でいう……、未亡人ですね」

あきさんはよく説明してほしいからすぐに事務所に来たいといい、小一時間後、村田さんをともなっ

て事務所に現れた。

あきさんは、以前から早く服部姓にもどりたいと希望しており、すぐに手続を取りたいとのことだった。復氏《ふくうじ》の手続、姻族関係終了に関する手続、本籍の移転、その他役所関係の手続について細かく説明したところ、明朝早速すべてをすませるといい、村田さんに、

「ねえ、あたし間違えちゃうと大変だから、ちゃんと聞いて書いておいてね。とにかく、明日中に全部終わらせたいから」

と、手続事項を何度も確認して帰っていった。


余談だが、一カ月ほど経ったころ、亡くなった尚三氏の長女だと名乗る女性から、長女自身の戸籍謄本と尚三氏の除籍謄本が同封された手紙が送られてきた。

「亡き父の相続が開始し、銀行で手続を取ろうとしましたが、凍結されている銀行口座の解除も、貸金庫を開けるのも、すべて相続人であるあきさんの署名・捺印と印鑑証明が必要となり、手続を進めることができず大変困っています。

本来、あきさんに二分の一の相続権があるのは充分承知しておりますが、離婚裁判中だったことを考慮のうえ、三百万円程度のハンコ代をお渡しすることで、それ以外の相続財産は放棄するという手

30 裁判官が、判決の結論についてどのような判断をしているかを裁判の当事者に明らかにすること。
31 日本語の語法としては不自然であるが、裁判書式で使われる表現である。

続にご協力いただければありがたいと考えています。厚かましいお願いですが、あきさんをご説得いただけませんでしょうか」

その手紙を、あきさんにファックス送信すると、まもなく電話がかかってきた。

「ハハハ、私、すぐに相続放棄の手続を取ろうと思っていたんだけど忘れていたのよ。ハンコ代って、これなに？ 私お金なんかいらないわよ。だって相続は放棄するって約束だったもの。でもさ、おかしいわね。全然お金がないっていって、ほとんど残高がない通帳を見せていたのに、やっぱりどこかに隠していたのね。でもよかったじゃない、子どもたちに残してあげられるものがあったんだから。私はいわれたとおりの手続はなんでもするわよ。どうすればいいの……？ 家庭裁判所？ 面倒だからやってくださる？ ああ、代理でやっていただくと費用がかかるのね。いいわよ、それぐらい私が出しますから。絶対に、向こうになにか請求したりしないでね。最後はきれいにいきましょ！」

あきさんの希望どおり、相続放棄の手続を迅速におこない、必要書類などを尚三氏の長女に送った。もちろん、あきさんが一円たりとも請求する気持ちがないことを書き添えた。

それっきり、尚三氏の長女から連絡はない。

Ⅶ　新たな結婚の形

相続放棄を含めたすべての手続が終わって数週間ほどたったころ、あきさんから電話があり、あきさんの友だちを呼んで、離婚裁判の「お疲れさま会」をするので、参加しないかと誘われた。

居心地のよい多目的ルームのように変身したあきさんの自宅の一階に、あきさん手作りの料理がたくさん並んでいた。私が着いたときには、すでにあきさんの友人らしき数人が集い、村田さんも交え、みなグラスを片手になごんだ雰囲気だった。

「あのねぇ、みなさん。こちらが平野麻里子さん。ここにいらっしゃるお友だちはみなさん尚三をよく存じのかたばかりなの。私の裁判の間、いつも私が裁判のことを話したり、尚三の言い分を話したり、愚痴をこぼしていたのよ。みんなね、『尚三さんがそんなうそばかりいうのなら、私たちが本当のことを証言してあげるわ』なんていってくれてね……。私が予想もしなかったような形の一段落だけど、きょうは『お疲れさま会』を開こうってことになったの。美味しいワインを用意したからたくさん飲んで、きょうは楽しい時間を過ごしましょうね。でもさ、いまも話していたんだけど、あの夫婦財産契約って絶対おかしいわよね。みんなで法改正の署名でもしようかなんてね……、そんな話をしていたわけ……。さ、とにかくもう一度乾杯しましょ！」

あきさんの作った料理は本当に美味しかった。夕方五時ごろまで仕事をして、それから準備したというが、斬新な料理が六種類も並んでいた。私は、裁判中、あきさんが、「私は料理を作るのが好きで早い」「朝食を作るときに夕食の下ごしらえをする」と話していたのを思い出しながら、箸を動かしていた。きっと、あきさんは、一生懸命尚三氏に仕えて、支え合って楽しい生活を送っていたのだろう。

あきさんは、夫婦財産契約なんて言葉は知らなかったが、尚三氏だけに経済的負担をかけないよう気を配って、「住」の部分はあきさん、「その他生活費」の部分は尚三さんというように分担を決め、もちろん、離婚するなんて思いもよらなかったけれど、尚三氏が「相続放棄の手続をしておかなくては」といったときに、尚三氏は互いの財産は別だと考えていると確信したのだろう。だからこそ、家を建てるときに、カーテン一枚にいたるまで尚三氏に頼ることはしなかったのだろう。高裁の裁判官が「相続を放棄することと財産分与を放棄することとはまったく次元のちがうことだ」といったことがあったが、一般の人にそんなことまでわかりっこない。

お互いの生活には口を出さず、経済面でも互いの資産は別々と考えていたからこそ、尚三氏が、自分の子どもにお金を分け与えたり、子どもたちの結婚費用やその他諸々に派手な出費を重ねていたときも、あきさんは口をはさまなかったのだろう。そういう生活をしてきたのに、離婚する段になったら、あきさんが派手な出費もせず一生懸命に購入したこの家が、財産分与の対象になるのは確かにおかしい。あきさんが、お金で解決することに納得がいかないとこだわった気持ちもよくわかる。問題となった家のなかで、そんなことを考えながら、無言でワインを飲んでいた。

「麻里ちゃん、なにを考え込んでいるの？」

村田さんに声をかけられ、私は、考えていたことを口にした。

「そうよね。あれから私たちもいろんな友だちと、何度も、夫婦財産契約っていうのについて話し合ったのよ。絶対に変よね」

その場にいた女性たちも話の輪に入った。

「結婚の形も離婚の形も一つじゃないのよね。特に再婚同士で子どもを持つことを考えていない夫婦の場合、生活費を出し合って、それ以外の互いの財産には口を挟まないっていう夫婦が増えてくるんじゃないかしら。そういう夫婦の場合に、離婚するときの二人の財産を合わせて、それを分けるっていう発想は理論的におかしいわよね」

「ねえ麻里ちゃん、夫婦財産制の契約をするってどうやってするの？　契約書を交わすのかしら」

「エーッ、私もよく知らないけど……、たしか、登記をしなくちゃいけないって書いてあったみたい」

「登記？　そんな……、どこで登記するの？　麻里ちゃんの事務所でそういう人扱ったことある？」

「ううん。少なくとも私は知らない」

「ほとんどの人は、そんな法律があるってことも知らないでしょうし、もし知っていたって、プロポーズのときにそんなことといわれたら、結婚しないって断っちゃうわ」

「そりゃそうよね。なんかさ、夢見ているみたいな気分になっているときに、ところで……、なんて切り出されたら興ざめよね」

「この法律って、男性が働いていて女性が専業主婦で、持ち家や預金の名義が全部男性のものになっていた時代背景があって、そこから出てきたんじゃないかしら。それだったらわかるのよね」

「そうか、そうよね。でも、いまは子どもを作らないって決めて共働きして、生活費を同額ずつ出し合って生活している夫婦ってたくさんいるわよね」

「そうよ、そうよ。出し合う生活費以外は自分たちの自由にしているっていう夫婦、たくさん知っているわよ。そういう人たちが離婚することになったら、二人の貯金や財産を足して二で割って分けなきゃならないなんて、絶対に変よ」

「だいたいさ、若いころの結婚と五十代になってからの結婚は、まったくちがうものだと思わない？

若いころはなにもないところから出発して、子どもを産み育てて家庭を作り、少しずつ貯えもし、家を買うためにローンを組んだりしながら、自分たちの周囲に社会を作りあげていくのよね。でも、五十代の結婚、特に再婚同士の場合は、お互いそれぞれの家族や社会に踏み込んだり壊したりしないようにしながら、一緒に暮らすこと自体を楽しんでいくものだと思わない？」

「そうね……。経済力がある者同士が、一人より二人の方が楽しいからって結婚して、あきさんみたいに生活費を出し合って生活していたのに、別れるときになったら二人の財産を足して分けっこしなきゃいけないなんてねえ……。結婚後に自分のために使った額もちがうんですものね」

「ねえ、裁判官なんて、法律の勉強ばかりしているから、そういう社会の変化みたいのがわからない人が多いんじゃないのかしら」

「私たちが立ちあがって社会を変えなくちゃね」

酔うごとに、中年女性、いや女盛りの大きな笑い声……、現在の生活形態に合わない法律についての議論……、ご近所迷惑な嬌声が夜遅くまで飛び交っていた。

第4章 弁護士の信念ってなあに？

弁護士の多くは、その職業柄か、とかくプライドが高く頑固で意地っ張り、その結果自分の考えを曲げない人が多いように感じるが、それを「信念」という言葉に置き換えているかのようにも思える。そしてときに、困って相談に来ている依頼者の希望に細やかに応じることを忘れ、個々の弁護士の信念どおりに処理をした結果、依頼者をどん底に突き落としてしまうこともあるようだ。

法曹ではない私の立場から見て、本当にこれでよかったのだろうか、と疑問が残る事件もないではない。弁護士によって扱いかたに差が出やすいと思われる債務整理事件の処理について、二件を紹介したいと思う。

I　兄と妹、ともに多重債務[1]が……

いまから六年ほど前の春だったろうか、知り合いの町会議員から、運送会社に勤務している息子と、離婚したばかりの娘が、ともに多額の債務を抱え途方にくれている母親がいるので相談に乗ってやってほしいと連絡があった。

その町会議員は、選挙区の人々からさまざまな相談を受けるそうで、それが法律問題のときには、いぶき法律事務所を紹介してくれる。私は、その町会議員に、依頼者から直接連絡をしてもらうよう頼んだ。

まもなく、町会議員の紹介だという女性から連絡があった。その女性は、サラ金からの取立が厳しく娘が怖がっているので、なるべく早く相談に乗ってほしいと語った。私は、弁護士の予定表を見ながら数日後に会えるよう日程を調整した。そして、事務所に来る際、すべての債権者[2]の名前と住所・会員番号[3]・電話番号・ファックス番号・いつごろから借り始め・現在の残債務がいくらぐらいあるのかを表形式にして書き出し、認印とともに持参してほしいと伝えた。

約束の日、いぶき法律事務所のドアを叩く親子の姿があった。小太りの六十歳代に見える母親が、両手に手提げ袋を持って二人の子どもを守るかのように一歩前に立ち、子どもらは母親のうしろに隠れるように二人で寄り添っていた。

息子は、ひょろひょろっと背が高く、髪を短く刈り込み、地味な服装で、いかにも真面目そうに見えた。

娘は、フリルのついた白いブラウスのうえにうすい桃色のふわっとしたカーディガン、白地に花柄のギャザースカート、ぺたんこの桃色っぽい靴をはいていた。ふっくらとした色白の顔に化粧っけはなかったが、なぜか愛おしいような、妙に印象に残るはかなげな雰囲気を持っていた。

三人の顔は一様にこわばり、からだ全体から緊張と怯えが伝わってくるように感じられた。おそらく、弁護士という職業の人に会うのはその日がはじめてで、法律事務所という敵の陣地に飲み込まれそうな気分になり、その日そこでなにが起こるかわからないし、サラ金から借金をしたことを咎《とが》められでもしたらどうしようか……などと、たくさんの不安を感じていたのかもしれない。

私は、事務所の入口で、

「お待ちしていましたよ。どうぞ……」

と三人を会議室に招き入れた。

「遠くから大変でしたね、疲れませんでしたか？　どうぞ奥の椅子に座ってください……。いますぐ弁護士を呼んできますが、その前にお兄さんも妹さんも、この紙に住所と名前、それから生年月日などを書いてくださいますか？」

と告げたが、私の口から「弁護士」という言葉が出た途端、娘はビクッとしたように私の顔を見あげた。

1　多くのサラ金やクレジット会社などから、多額の借金を重ねている状態。
2　お金を貸している会社や個人。サラ金・クレジットカード会社・銀行など。
3　サラ金では、貸し出しをしている全員に会員番号を付している。

「心配しなくても大丈夫ですよ……。筆記具、持っていますか？」

　妹がうなずきながら、バッグからかわいらしいキャラクターの絵がついたボールペンを大切そうに取り出し、住所や名前を書き始めると、兄もつられるように書き出した。兄は望月慎一氏、三六歳で独身、運送会社に勤務している。妹は望月洋子さん、三四歳、離婚したばかりで無職。二人は、その日付き添ってきた母親と三人で暮らしているようだった。

　兄と妹が必要事項を書き終わったため、私は、弁護士に声をかけた。

　伊武木弁護士は森本弁護士をともなって会議室に入ってきて、ニコニコしながら自己紹介をした。母親は急いで椅子から立ちあがり、頭を机にすりつけんばかりにお辞儀を繰り返していたが、コチコチになった慎一氏と洋子さんは、座ったままでしたを向いて弁護士と目を合わせようとはしなかった。伊武木弁護士が、

「ねえ……、二人とも、緊張しなくても大丈夫だよ。望月さんの件は、おもにここにいる森本弁護士に担当してもらおうと思っているからね、なんでも森本弁護士に相談してくださいね。それから、平野さんが一緒に担当するので、弁護士には話しにくいなあとか、恥ずかしいなあって感じることがあったら、この平野さんになんでも話していいからね。森本弁護士は優しい弁護士さんだから、ぼくより相談しやすいと思いますよ。じゃあ、よろしく」

　と、森本弁護士の肩を軽くたたき会議室から出ていった。森本弁護士は、

「それではお話をうかがいましょう。債権者一覧表を持ってきてくださいましたよね」

と穏やかな声で語りかけた。母親は、バッグのなかから小さく折りたたんだ紙を出し、広げながら

森本弁護士の方に差し出した。森本弁護士は、白紙の部分が多い債権者一覧表を見て、「ずいぶんたくさん書いていないところがあるけど、どうして書いてないのかな？　会員番号がわからないうえに、住所も電話番号もわからない。これでは、こちらで引き受けたとしてもどこに連絡していいかわからないでしょう。もう少し、細かいところまで書いてもらえないかなあ……」

と問いかけた。洋子さんは身を縮め、緊張で身体がさらに硬くなっていくのがわかった。私は、

「緊張しなくて大丈夫ですよ。ちゃんと手続をすれば、きょうからすぐに怖い電話はかかってこなくなるから……。でもね、この紙に、どこから、いつごろ、いくらぐらい借りて、どの程度返したのか、ちゃんと書いてくれないと手続の方針がなかなか決まらないし、森本弁護士が連絡を取るときに、どこに連絡したらいいのかわからないでしょ。だからここでよく思い出して書いてみてくれるかしら。サラ金のカードも持ってきたんでしょ、それを見ながらゆっくり書いてみましょう……。

森本先生、一覧表ができあがるまで私が一緒に作業してみますので、その間、お忙しいようでしたら席をはずしていただいてもけっこうですが……[5]」

と声をかけた。森本弁護士は、

「それじゃあ、よろしく頼みます」

4　債権者の名前、連絡先、いつごろからいくら借り、現在残債がいくら残っているかなどを書いた表。

5　いぶき法律事務所では、この程度の事務作業につき、あえて弁護士不在の場で、平野のような役割の職員が依頼者からさまざまな事情を聞きながら時間をかけておこなうことがある。依頼者の緊張が強い場合などに多くとられる手段で、法律問題を聞くのではない。

と言い置いて席を立った。

Ⅱ　買い物依存症と鬱病

私は、

「一緒に思い出しながら書いてみましょうね。洋子さんの方が、わからないところが多いみたいだから、洋子さんの話から聞くことにしましょうか……。慎一さんは、その間、わかるかぎり書いてみてくださいますか。会員番号っていうのは、ほら、このカードの一番うえに書いてあるでしょ……。その他も、なるべく空欄がないように書いてみてください。じゃあ、洋子さんから始めましょう。大丈夫、一緒に思い出しながら書けばできるから……。一番はじめにサラ金からお金を借りたのはいつごろだったか覚えている?」

洋子さんは驚愕したかのように目を見開いて私を見たあと、母親に助けを求めるように身を寄せ顔を伏せた。

洋子さんの母親が話を始めた。

「いやあ、この娘《こ》には困ったもんで、小さいころからこの娘のことばかし、ばあちゃんが甘やかしたせいか、この娘は我慢ってものができなくてねぇ。そこへもってきて、嫁《とつ》ぎ先の姑さんがきつい人でね……。この娘にわずかなお金を預けるだけで、この娘はパートに出てるっていうのに食事の支度やら買いものやら家事を全部押しつけて、そのうえ、パートが休みの日には姑さんが少しばっかし作っている畑の手伝いまでさせられたっていうんだから……、アタシもあとになってわかってね、可哀想なことをしたなあと思っているだけんど……。そんで、この娘もたまんなくなっちまったらしくてね。

旦那さんは会社員だっただけんどね……、結婚してまもなく糖尿病にかかっていることがわかって……、休養が必要だって医者にいわれたからって、じきに会社辞めちまってさあ……。まったくなに考えているんだかね……。だから給料は一銭も入ってこなくなっちまってさ、そのうえ、旦那さんは姑さんに頭があがんないらしくてね……、だから、この娘が働いた金で旦那を食わしてやって、病院の費用も出してやってたらしいだけんどね、だれが聞いたっておかしな話だよ。

アタシもくわしいことは知らなかっただけんど……、姑からは、結婚して子どもができないのは嫁のせいだって、この娘がずっと責め続けられたらしいんだわ。でも、障子一枚向こうに姑さんが眠ってたもんで、旦那さんが気兼ねしてたんだかなんだか……、この娘にちっともかまわなかったらしいんだわ。男が糖尿病って病気にかかったら子どもができなくなるって、だれかから聞いたことがあるだけんど、そのせいだかどうだかねぇ。この娘は生娘《きむすめ》だったからどうしていいかわかんねえしなあ。この娘も子どもはほしかったっていうんだけんど、できなかったのはこの娘のせいではないわなあ」

洋子さんは、二九歳のときに結婚したが、それから約四年半ほど経ったころ、多くの借金を抱えていることが前夫とその家族にばれ、嫁ぎ先を追い出される形で離婚にいたったばかりだということだった。嫁ぎ先の玄関先で、姑が、

「アンタは、金輪際うちとはなんの関係もないってことをよく覚えておくんだよ。ヤクザみたいな金貸しが、金を返せっていってきたら、アンタの実家の住所と地図を書いて渡してやるからね。まった

くえらい迷惑だよ。これからアンタは実家でヤクザを相手に怖い目にあって、自分のしてきたことをよく反省するんだね。こっちだって、ご近所さんにいろいろうわさされて恥ずかしいったらないよ」

迎えにきた母親の面前であるにもかかわらず、止まるところを知らない姑の声を背に、洋子さんは実母と一緒に婚家をあとにしたという。

母親はそこまで一気に話し、フーッと溜息をついた。

私は、洋子さんの緊張を取りのぞこうと考え、

「いろいろ大変だったんだ……。旦那さんの給料がなくって、お義母《かあ》さんから充分な生活費をもらえなくて、それでだんだん借金が増えちゃったのかな。恥ずかしがらないで、全部話をしてくれれば、どうするのが一番いいかわかるから、覚えていることは全部話してね。ここは警察じゃあないから、洋子さんがどんなことをしていたとしても、捕まったり、怒られたりすることはないから……、安心して大丈夫ですからね。

だいたいさ……、旦那さんしか頼る人がいないのに、その旦那さんが優しくしてくれないなんてひどいわよねえ。ずいぶん寂しかっただろうなって……、私にもよくわかるわ。だれも頼る人のいないなかで、仕方がなくお金を借りたら返せなくなっちゃって、いろいろな人から『早くお金返せ』なんていう電話がかかってきたり手紙が来て責められたりしたら、どうしていいかわからないものね。ここで全部話しちゃえば、いままで洋子さんのところに来ていたサラ金からの電話や手紙は、きょうから、全部この事務所に来ることになって、洋子さんにはだれからも連絡が来なくなるから……。そし

て法律事務所に来て全部話してよかったなあと思うようになるから……、もう大丈夫だから、とにかく心配しないでね。

じゃあ、どこのサラ金から借りているのか、いつごろから借りたのか、借りたお金をなにに使ったのか、思い出しながら話してくれる？　弁護士さんに話すのは怖いかもしれないけど、私なら大丈夫でしょ……」

友だちに話すように語りかけた。その言葉に反応したかのように、洋子さんは、ときどきとなりに座っている母親の顔を見あげながら、ぽつりぽつりと話し始めた。しかし、はじめのうちは要領を得ず、なぜ債務が増えていったのかを明らかにするためにはあまり役に立たない話をしていた。

「病院の先生がいったんだよね、おかあさん。アタシが小さいころ、おばあちゃんがかわいがりすぎて、アタシは大人になりきれてないんだって。だから、いろいろ我慢できなかったりするらしいんだよね、おかあさん。一種の病気だっていってたよね、ねえ、おかあさん。なんていう病気だったっけ、ねえ、ねえ、おかあさん」

母親は、自分で話しなさいとでもいうように洋子さんをにらんだ。

「あのー、アタシ心配なんですけど……、本当にヤクザが来たりしますか？　ヤクザが来たらピストルで撃たれたりしますか？　怖い目にあうってどんなことされるんですか？」

私は、まず洋子さんが不安に思っていることや、結婚生活についての不満を聞かないかぎり、債権者一覧表どころではないだろうと考え、洋子さんが話したいことをなんでも聞いてみることにした。

洋子さんがぽつりぽつりと話したなかから、結婚から離婚までの生活について簡単に整理すると、おおよそ次のような状況だったようだ。

一度も男性とつきあった経験がない洋子さんは、二九歳のとき、知り合いの紹介で三四歳の会社員と見合いをし、交際することもなく周りが二人の結婚を決めた。嫁ぎ先には、当時五八歳の姑と三一歳の義弟が同居していた。

嫁いですぐ、一カ月の生活費について家族で話し合いをし、姑と義弟は一人三万円ずつ、洋子さんたち夫婦は六万円を出し、その合計一二万円を、水道光熱費・食費・その他雑費などの生活費に充てることにした。

洋子さんと交際する機会を持たないまま結婚した夫は、結婚後も特に洋子さんと馴染もうと努力をしたわけではないらしい。洋子さんが話しかけても、必要なこと以外はほとんど話をすることなく、二人の関係は、洋子さんがテレビで見て想像していたようなロマンティックな楽しい新婚生活とはほど遠く、嫁入り道具の夜具を並べて敷いてみても、不安と期待で待っていたようなことはなにも起こらなかった。

そして、夫は、結婚して二カ月ほど経ったころ、医師に糖尿病の療養に専念するようにいわれたということで会社を辞めてしまった。やむなく、フルタイムで工場従業員として働き始めた洋子さんには、仕事と家事ばかりでなく、病身の夫の世話までも義務として科されることになった。フルタイムで働いたあとに家族の食事の支度をするだけでも負担だったが、夫のために、『糖尿病食の作り方』という本を見ながら別の食事を作っていた。

なにも楽しみがなく、おしゃべり相手もいない洋子さんは、徐々にストレスが溜まっていったようだ。しかし、洋子さん自身は、ストレスという言葉の存在すら知らなかったらしい。いつも、仕事帰りにショッピングセンターに寄っても、どうしても必要な夕食の買い物だけを急いですませ帰宅する洋子さんだったが、結婚して二年が過ぎたある日、食料品以外の物も見てみたい衝動にかられ、ショッピングセンター二階へのエスカレーターに乗った。二階の売り場を見るのはその日がはじめてだった。目の前に広がった二階の売り場には、さまざまな色や光が乱舞しており、洋子さんは夢中になってそこにある品々を見て歩いたという。

そのうち、どうしてもなにかを買ってみたくなり、数百円を出してビーズ細工の指輪を買った。買い物をした途端、独身時代に友だちとお台場に行ったときのことを思い出し、なんともいえないような楽しい気分になった。ビーズの指輪を買ったということ自体が非常な喜びと開放感となり、その場では快感さえ覚えたが、店を出た途端、強い罪悪感にさいなまれ、無駄遣いはもうやめようと反省したという。しかし、その日を境として、洋子さんは自分自身のための買い物をやめることができなくなってしまった。

きれいな模様のついたティッシュペーパー、かわいい形の砂糖、きらきらしたボールペンなど、はじめは安いものを買っていたが、徐々にエスカレートしてセーターやバッグを買い、ついにはエステサロンのチケットまで購入してしまった。洋子さんはエステサロンのことを思い出しながら、うっとりするような表情で、

「エステに行くとね、なんだかすごいお金持ちのお嬢さまみたいな感じになれるんだよね。エステの

人たちが、私のこと色が白くて肌がすごくきれいだってほめてくれて、エステを続ければもっともっときれいになってシンデレラ・コンテストにも出られるって……、そういうコンテストが本当にあるんだよ……。シンデレラ・コンテストの写真を見たらね、最初はあんまりきれいじゃなかった人も、すごくスタイルがよくなってきれいになってドレス着てて、とにかくすごいの……。それで、ローンで払っても利息はつかないから少しずつ払えば大丈夫だっていわれて……」

洋子さんは、買い物をすること自体に興奮と快感を覚えるだけで、買ったものを特に使うわけではなく、姑や夫に見つからないようタンスの奥に隠しておいたらしい。エステサロンも一回行っただけらしく、回数券の多くは残っていた。

洋子さんは、幼いころから母や祖母に溺愛され、特に祖母は、洋子さんの身のまわりの世話をするのが生き甲斐であるかのように、洋子さんにべったりだった。幼いころ父親を亡くしたが、祖母や母・兄とともに、和やかな家庭で、人形のようにかわいがられながら、洋子さんは年齢《とし》を重ねてきた。兄とケンカをすると叱られるのはいつも兄だったし、周りには家族や仲のよい友人がいて、おしゃべりをしたいときにはいつでもおしゃべりができた。だからもちろん、病人の世話などしたこともなかったし、家計のやりくりをしたこともなかった。洋子さんの家庭は決して裕福ではなかったが、洋子さんの思い出のなかに、ほしいものや食べたいものを我慢したという記憶は残っていない。

洋子さんは、高校卒業後、自宅近くの菓子問屋に事務員として就職した。仕事そのものに興味を感じることはなかったが、すぐに職場に慣れ友人もできた。たまに、仕事が終わってから友人と食事に出かけたり、休みの日に都心に出かけたりするようになった。洋子さんが育ったのは東京近郊だったが、高校時代、友人同士で東京まで出かけた経験がほとんどなく、職場の友人とはじめて原宿に遊びにいったときには、気後《きおく》れを感じるほど緊張した。しかし、

「ねえ、今度はお台場に行ってみようよ。かわいい店がたくさんあるらしいよ。」

などと友人から誘いを受けると好奇心が湧き、さまざまな場所に遊びにいくようになった。当然のように、クレジット・カードを使うことを覚え、リボ払いを覚え、それほど派手なことはしなかったものの、ときにお金が足りなくなると、なんのためらいも罪悪感も覚えることなく、給料の前借り気分でサラ金数社から借入をおこなうようになった。洋子さんは、高価なブランド物や高級レストランに興味があるわけではなく、ちょっと目についたかわいいものを買い集めたり、ファッション関係の店で服を見ているときに、友人や店員に「似合う」とか「かわいい」などとほめられると買わずにいられなくなる性格だった。

サラ金には、毎月遅れないように返済し、また足りなくなると借りることを繰り返していたが、不便や不安は感じなかったし、借入残についてもあまり気にしたことはなかった。

洋子さんは、結婚が決まったとき、結婚前にサラ金からの借入は返しておいた方がいいかもしれないと考え、サラ金に問い合わせてみたところ、残債の合計が一五〇万円程度あることを知り愕然としたという。毎月、借りた額と返した額が大体同じぐらいだったので、洋子さんは、残債はわずかなはずだと考えていた。一五〇万円というのは、考えただけでも恐ろしいような金額であり、母に相談するわけにもいかなかった。洋子さんは、

「いままでも一〇年間ぐらい借りたり返したりを繰り返してきてなんとかなっていたんだから、これからは借りないようにして、返し続ければ内緒で返せるだろう」
と考え、だれにも打ち明けず、サラ金の処理をしないまま結婚したようだ。

横で話を聞いていた母親が、驚いたように口をはさんだ。

「えっ、なんだって……、洋子、いままでオカアチャンにそんな話はしなかったじゃないか。結婚してから、旦那さんが給料くれねえから、金を借りたって、そういったじゃないか。いままでうそついてたのか……。まったく、どうしようもない、なんでうそついたのかオカアチャンにいってみろ！」

「おかあさん、怒らないでください。洋子さんは、あちらでもこちらでも怒られるから、だれにも本当のことを話せなくなったんですよ。きょう、本当のことを聞かないと、手続ができませんからね……いま正直に話したんだから許してあげてください。家に帰っても、もう叱らないでくださいね」

私の言葉に、母親は、顔をしかめ押し黙った。

洋子さんは、結婚前とあまりにもかけ離れた環境に順応できず、本人は自覚していないまま強いストレスにさらされたようだ。気を許せる人がだれもいなくて、お金も自由にならない、そんな環境に置かれたらだれでもおかしくなると思う。ストレスを発散する手段として、洋子さんの脳がからだに指令を出し、その結果、洋子さんは、結婚後は借入をしないと決めていたサラ金から再度借入をはじめただけではなく、一回当たりの借入額が徐々に増え、さまざまな品を買いあさるようになったのだろう。その結果、返済が追いつかなくなり、返済のために他のサラ金から借入をするという、典型的な多重債務者[6]になってしまい、督促状や電話などが婚家に舞い込むようになった。そのため、婚家の姑に借金がばれてしまい、追い出されるような形で離婚にいたったというのが実情のようだった。

実家に帰った洋子さんが、毎日泣いてばかりいて食事すら摂らなくなったため、心配した母親が民生委員に相談し、洋子さんを心療内科に連れていったのだという。


そこまで聞き出すのに一時間以上かかった。私は、洋子さんの話を整理して聞いているうちに、洋子さんが口にした「病気」と今回の多重債務との関連がわかるような気がしてきた。

「そうか……。いろいろと大変だったんだ……。さっき、病院の先生に一種の病気だっていわれたって話していたでしょ？　間違っていたらごめんなさいね……。もしかしたら病院の先生に、買い物依存症とか鬱病とか、そんなふうにいわれたんじゃないかしら」

病名を聞いた途端、洋子さんは急に味方を見付けたかのように私を見て、

「そうだ、そうだ、思い出した。その両方いわれたよね、おかあさん。そんで、いまは薬を飲んで家で休まねばいけないって……。先生がそういってたよね」

それから先、洋子さんはようやく質問に答えるようになり、債務の全体像が見えてきた。

結婚前から借金があり、それに加えて結婚後借入をしたために債務がふくれあがったことを理解した母親は、再び、洋子さんを叱る口調で話し始めた。

6　一度どこかのサラ金から借入をすると、利子が高いため返済が難しくなり、返済のためにほかのサラ金から借入をする。それを繰り返しているうちに、借入額が雪だるま式に膨れあがるというのが、典型的多重債務者のケースである。

「まったくもう、この娘は、ここに来るまでアタシにも本当のことを話さなかったんだからねえ……。アタシは、あっちのお義母さんが全部悪いと思っていたんだけんど……、アンタだって悪いじゃないか。それに、あのヤブ医者は、洋子は病気だからお金を使いすぎたとか、家で薬飲んで休んでいれば治るとかいうんだけんど……、そんな馬鹿な話はないよ、ねえ平野さん」

「まあ、まあ、おかあさん……。さっきもいったように、ここで洋子さんのことを叱っても仕方のないことですし、洋子さんは充分反省しているようなので、その話はこれ以上しないことにしましょう。いまは、どうすれば、サラ金から催促を受けなくなるかを考えようとしているところですから……。

それから病気の話ですが、私は専門家ではありませんのでくわしいことはわかりませんが、買い物依存症という病気は本当にあるんですよ。強いストレスから来ることが多いようです。さっき、おかあさんが、病気だからお金を使いすぎるっていうのはおかしいという話をなさっていましたが、買い物依存症という病気は、お金を使いすぎる、買い物をしすぎるっていうのが症状なんです。

それに……、洋子さんが泣いてばかりいて食事もしないっていうのは、お医者さんのいうとおり鬱病にかかっているのかもしれないと私は思います……。買い物依存症と鬱病を併発……、つまり両方の病気にかかっていると専門のお医者さんが判断されたのでしたら、その先生のおっしゃることを聞いて、お薬を飲みながら、家でゆっくりと身体も心も休めることが必要なのではないかと思いますが」

結局、約二時間をかけて、洋子さんの母親が持参したサラ金のカードや督促状、サラ金へ返済するために振り込んだ振込用紙などを参考に、洋子さんから事情を聞き出し、洋子さんの債務は、サラ金六社からの借入、クレジット・カード三社からの借入と数万円の買い物、エステサロンのローン契約がすべてだということがわかったが、正確な残債務の金額についてその場ではわからなかった。もちろん洋子さんには、預貯金や財産はないということだった。

「洋子さん、いろいろ話してくれたから、事情はよくわかったわ。大丈夫よ、心配しなくても。ヤクザなんか来ないし、ピストルで撃たれたりしないから」

「でも……、アタシは電話がかかってくるのが怖いの……。毎日毎日、何度もかかってくるんだわ……。それからハガキも来るし……。それに、知らない会社から『お金を貸してあげます』っていうハガキも来るし……」

「あのね、あとで弁護士さんがどうすれば一番いいかを考えて、きょうすぐに手続をするから、もう電話もかかってこなくなるし、ハガキも来なくなるから大丈夫。電話とハガキが来なければなにも怖いことはないでしょう?」

「ネエ……、アタシ……、病院の先生に病気のせいだっていわれたんだけど、いつも一人になると寂しくて泣いちゃうの。おかあさんが仕事で家にいないし、友だちもいまはいないし……、寂しくなったらどうしたらいいの?」

「そうか……。じゃあ、寂しくなって泣きたくなったら私に電話して……」

「えっ、平野さんに電話していいの? 平野さん友だちになってくれるの?」

「うん、お友だちになりましょう。いつでも電話していいわよ。でもね、仕事で電話に出られないこともあるから、そういうときは我慢してね」

洋子さんの表情は、事務所に着いたときと変わり、驚くほど明るくなっていた。

Ⅲ　孝行息子

慎一氏は、私と洋子さんが話をしている間、携帯電話をチェックしたり、サラ金から来たハガキを見たりして、一生懸命に債権者一覧表に記入を続けていた。洋子さんとの話を終えたとき、慎一氏の債権者一覧表はおおよそできあがっていた。

「あー、ずいぶん前から借りていたんだ。ええっと……、一五年以上も前からのところが三社もある……。ほかのも取引が長いですね。これは、どうして借りるようになったの？」

慎一氏は正直で真面目そうに見えた。

「オレ、高校出てから板金屋で三年ぐらい働いていたんだけど、そこが潰れちゃって、次の就職先がなかなかなくて、バイトで食いつないで……。でも、その間も、家に金入れないと母《かあ》ちゃんがやってけねぇっていうから……。そんときはじめてサラ金から借りて……、母ちゃんに心配かけてはなんねぇと思ったんで、バイト代たくさんもらってるから大丈夫だってうそついて……。コンビニとか引越屋とかいろいろバイトしたんだけど……、やっぱり金が足りなくてサラ金から何度も借りて……」

「毎月の返済はしていたの？」

「一回も遅れたことありません。でも、返す金が足りなくて、返すために他のサラ金から借りたりして、やっと就職できたときには、いろんなサラ金に毎月返さなきゃならなくなってて……、就職してからも、返す金が足りなくて借りたことがあります。いまは一カ月に一二万円も返してるから、きつくて……」

「よくわかりました。慎一さんも大変な思いをしてきたんだ……、でも、とりあえずきょうからはどこにも返さなくてよくなるから、給料はいままでより自由に使えますよ……。じゃあ弁護士の先生を呼びましょうね」

Ⅳ　方針決定

二度目に森本弁護士が会議室に入ってきたとき、三人の間にそれほどの緊張感は漂わなかった。私は、森本弁護士に、二人の債権者一覧表を見せながら、二人から聞いた事情や背景をかいつまんで説明した。森本弁護士は、

「では、洋子さんは当分働けないということですね……」

と確認をしたあと、

「多重債務者を救うためにはいろいろな方法がありますが、どの方法を取るにしても、まず、すべての債権者に介入通知という手紙を出して、弁護士が債務整理を引き受けたことを知らせます。この介入通知を出したあとのサラ金やクレジット会社との交渉は、すべてうちの事務所で引き受けますので、もし、お二人のうちどちらかにサラ金やクレジット会社から連絡があったら、『弁護士に頼みました』といって、私の名前と事務所の電話番号を伝えてください。決して、自分で交渉したりしないでくだ

さいね。それから、今後一切、どこにもお金を返さないでください。介入通知には、『これまでの取引経過を開示してください』という文章を入れます。これは、慎一さんや洋子さんが、いついくら借りて、いついくら返したのか、それを一番はじめの取引から現在にいたるまで、すべて明らかにしてくださいというお願いです。慎一さんのように一五年も前から取引があれば、膨大な量の取引経過になるでしょうね。

　その取引経過をもとにして、うちの事務所で、利息制限法[7]に基づいた利息の計算をします。そして、原則としては、サラ金が不当に高く取り過ぎていた利息について、取りすぎていた分の利息を元金に充当したり、サラ金から返済をしてもらうことになります。ここまではわかりましたか？」

　三人とも、黙ってうなずいた。

　森本弁護士は、ざっと債権者一覧表を見たうえで、

「正確なことは、いま申しあげたような手続が終わってからでないとわかりませんが、私の経験上、洋子さんは、返済しなくてはならない債務が残るでしょう。慎一さんには、過払金が発生する可能性が高いと思います。とりあえず、取引経過を提出してもらい利息の計算をしなおしてみましょう。それから、方針を決めましょう」

　洋子さんは、大層不安げな表情になりうつむいてしまったが、私が、

「洋子さん、わからないことはなんでも聞いてくださいね」

　と声をかけると、顔をあげて訴えるように、

「アタシは……、返さなくてはいけないんですか？　返せないし……、どうすればいいのかわかりま

せん。アタシはどうなるんですか？」

　とたずねた。

「いま、森本先生が説明したのはね……。うーん、洋子さんのことに当てはめていえば、たぶん、法律で決められている利息、いま、洋子さんがサラ金から借りているのより安い利息で借金の額を計算をしたとしても、洋子さんはサラ金にお金を返さなくてはならない立場にあるだろうと思うって、そういうふうに森本先生がいったの。でもね、森本先生が『借金がたくさんある人を救うためにはいろいろな方法があります』って最初にいったでしょ。いま、洋子さんは収入がないから、サラ金にお金を返さなくてはいけないといわれても返せない……。だから、返さなくてもよくなるような方法もあるの。洋子さんの心配がなくなるように、その方法から説明してもらいましょうか」

洋子さんは、こっくりとうなずいた。森本弁護士は、いつものとおり穏やかな表情で話し始めた。

「じゃあ、洋子さんのことを説明しましょう。洋子さんのように財産も収入もなくて返せない人は、自己破産申立[8]の手続を取ることになります。これは、一種の裁判ですが、この一覧表に書いてある書類を用意して、この用紙の質問事項に正直に答えてもらえれば、裁判所提出用の書面はこちらで作り

7　貸主がお金を貸した場合の金利を定めた法律。最近では少なくなってきたが、多くのサラ金は、それ以上の利息で貸付をおこなってきた。

8　債務（借金）が多くなり、自分の持っている財産などを処分しても返済できない状態にある場合、所有する財産をすべての債権者に公平に返済することを目的として裁判所に申し立てること。通常、そのあとに、それらの借金を返済する責任を免ずる「免責手続」をおこなう。

ます。まずは自己破産申立手続をおこない、裁判所が『洋子さんは借金を返せない状況にある』ということを認めて破産決定を出してくれたら、次はその借金を返す責任を免除してもらうための免責許可申立の手続をおこないます。免責許可決定が出れば、洋子さんは借金があってもその借金を返さなくてもいいと裁判で認められたことになります。

洋子さんは、いま、病気で働けないということだし、財産があるわけでもないので、その方法がいいと思いますが、それで進めていっていいですか?」

森本弁護士が話をしている間に洋子さんの表情は少しずつ硬くなり、「一種の裁判」と聞いた瞬間、さらに緊張した表情へと変化した。私が、

「大丈夫……。森本先生が一番いい方法を考えてくださっているから……。裁判っていっても、洋子さんが裁判所に何度も出かけていくとか、裁判官に直接なにか聞かれるとかいうことはないのよ……。森本先生が全部やってくれるから……、なにも心配はないわよ」

というと、洋子さんは無言のままうなずいた。次に、森本弁護士は慎一氏に向かって、

「一五年以上も前から借りているところが三社、他の二社も長いですね。これを一度も遅れないで返済をしているんですか? そう……、慎一さんの記憶に間違いがなければ、おそらくもう返さなくていいことになると思いますよ。きょうすぐに、うちの事務所からサラ金各社に介入通知を出しますが……、サラ金の利息は高いですからね、もしかしたら、返さなくていいだけじゃなく、『慎一さんは利息を払いすぎているので払いすぎの分を返してください』って請求できるサラ金が出てくるかもしれないですよ」

慎一氏もその母も、森本弁護士の言葉がよく理解できないという表情で聞いていた。少し時間をおいて母親が口を開いた。

「弁護士先生、そんなら、うちの慎一はいま払っている毎月一二万円を払わなくてよくなって、そんで、もしかしたらお金を返してもらえるかもしれないって、そういうことですか？　いやぁー、そんなことがあるなんて、なあ慎一よかったなぁ……。じゃあ、洋子は借金が残っていたとしても返さなくてよくて、慎一もたぶん返さなくてよくって、もしかしたらお金を返してもらえるって……、そういうことですか？」

「そのとおりです。でも、とにかく取引経過を見て計算してみないことには正確なことはいえませんのでね、急いでやってみましょう」

母と慎一氏の表情は輝き、森本弁護士に、「先生のおかげです」「ありがとうございます」と何度も頭をさげていたが、洋子さんにはまだ不安が残っているようにも見えた。

「洋子さん、どうしたの？　まだなにか不安なことがある？　きょう、これからすぐに全部のサラ金にファックスを送って、洋子さんや慎一さんに直接連絡をしないでくださいって伝えておくから、もう大丈夫よ。もし、ファックスと行きちがいになって電話がかかってきたら、いぶき法律事務所の森本弁護士に頼みましたから、森本弁護士に聞いてくださいって、そういえばいいのよ。どういえばい

9　東京地方裁判所では、代理人として弁護士に手続を依頼した場合、破産者本人は、免責手続のとき一回だけ裁判所に出向けばいいことになっている。

いか、紙に書きましょうか？」

「うん、読めばいいように書いてくれる？　ネエ……、アタシ……、怖くなったり寂しくなったら本当に電話してもいいの？」

「いいわよ、いつでも……」

洋子さんに少しだけ笑顔がもどった。伊武木・森本両弁護士は、望月慎一氏と洋子さんの二人から委任状を受け取り、三人は帰っていった。

三人が事務所を出てすぐ、二人の全債権者に介入通知をファックスするとともに郵送[10]した。債権者から送られてきた取引経過をもとに利息制限法で計算をすると、森本弁護士が予想したとおり、いや、予想以上だったかもしれないが、慎一氏には四百万円余の過払金が発生した。そして、洋子さんには百数十万円の債務が残った。

V　兄も妹も手続開始

森本弁護士の予想どおり、洋子さんには百数十万円の残債務があったため、本人と母親の希望も聞き自己破産申立手続をとることに決めた。

私は、洋子さん自身に頼んだのでは、必要書類を迅速に集めることができないだろうと考え、母親に必要書類をそろえてもらうよう依頼した。東京地方裁判所での自己破産申立手続には住民票謄本・源泉徴収票・過去二年分の預貯金通帳のコピー・その他そろえなければならない書類が多くある。しかし、母親が一生懸命に走り回り、必要書類は思いのほか早く集まり、申立書の作成などの準備も順調に進んでいった。

はじめて三人が事務所を訪れてから一カ月半ほど経ったころには、洋子さんの自己破産申立手続をおこなう準備がほぼ整った。

しかし、法律上の依頼以上に気がかりなことがあった。洋子さんの鬱病が少しずつひどくなっているように感じられたのだ。洋子さんは、泣きながらたびたび電話をしてくるようになった。

「平野さん……、アタシね、電話が鳴るだけですごく怖いの。もしかして、サラ金かもしれないでしょ。それから家にいて、玄関のブザーが鳴るとそれも怖いの。もしかして、サラ金かもしれないでしょ。それで、一人でいるときは、いつもいつも怖いし悲しいんだけど……、平野さん、うちに遊びにこられるときある？」

「平野さん……、アタシね、なんにも楽しいことがないの。このまま死んじゃいたいって思っちゃうの……」

「平野さん……、アタシね、なんにもしたくないの……。あのね、平野さんから電話がかかってきたのがわかっていても出ないことがあるんだよ。ゴメンね。なんだか電話にも出られないときもあるんだよ……。きょうは少し気分がいいかな。ネエ……、今度、うちに遊びにおいでよ」

典型的な鬱病の症状だろうと思った。

10 迅速に手続を進めるため取り急ぎファックス送信するが、その後、捺印のある正本を郵送する。

「ごめんね。この間、洋子さんがうちの事務所まで来たとき遠かったでしょ？　たぶん二時間ぐらいかかったんじゃないかな。私はね、毎日ここで仕事をしているの。だから遊びにはいけないんだ……。洋子さんも前に働いていたとき、仕事の途中で友だちのところに遊びにいったりできなかったでしょ。

それから、サラ金のことなんだけど、もう電話はかかってこないでしょ。もうすぐ裁判所に洋子さんの書類を出せるし、絶対にサラ金は来ないから心配しなくて大丈夫よ……。ねえ……、それより、心療内科の先生のところにはちゃんと行ってる？　私はその方が心配なんだ……。洋子さんの病気は、先生にもらった薬をちゃんと飲んで身体と心をゆっくり休めることがとっても大切なのよ」

「あのね……、あそこの病院に行くと、近所の人たちみんながアタシのこと頭がおかしくなったっていうんだよ。おかあさんが、みんなにいろいろいわれるといやだから、ほかの病院を探そうかっていってるんだけど……」

「そうなんだ……。じゃあ、いまは病院に行っていないの？」

「うん、薬もなんにも飲んでないよ。家で寝てるだけ」

「そうかー、それはあんまりよくないと思うな……。ちゃんと病院に行って薬を飲めば、元気になって、働いたり昔の友だちと遊んだりできると思うんだけどなあ。私が、今夜、おかあさんに電話して病院のこと相談してみてもいいかなあ」

「ウーン、いいんだけど……。おかあさんはすぐに怒るんだ。アタシが泣いたり、食べ物食べなかったり、夜眠れないっていったりすると怒るから……、平野さん、アタシが怒られないように話してくれる？」

「わかった、大丈夫、まかせて！」

洋子さんは、いつも十分ほど話をしている間に少しずつ落ち着いてくるようだった。私は洋子さんに、おかあさんを怒らせないように、そして洋子さんの病気がよくなるように、よく考えて話をするから心配をしないようにと諭して電話を切った。


その夜、洋子さんの母親が帰宅しただろうと思われる時間に電話をしてみた。

「こんばんは。こんな時間にすみません。いぶき法律事務所の平野です。いま、少しお話してよろしいですか？　洋子さんのことなんですが……、これから話すことは、いぶき法律事務所の職員として話していることではなく、私個人が話していることとして聞いてくださいますか。きょう、洋子さんと電話で話をしたんですが、いま病院に行ってないようですね。鬱病はしっかり治しておいたほうがいいと思うんです。洋子さんと話していると、つらそうで、以前より少しひどくなっているのではないかと感じました。でも、あくまで私は素人ですから確かなことはわかりませんが」

「私も悩んでいたところでね……。だれか相談に乗ってくれないかなと思っていただけんど、このへんは田舎だからねえ……。みんなうわさ好きで、洋子が離婚したっていうだけでもいろいろいわれて、離婚して帰ってきたら精神病院に通い始めたって……、私のパート先でもうわさされて……。そんで、なんとなく病院にも連れていかなくなっちまっただけんどね、洋子はいつも泣いてばかりで『死にてぇ』なんていうもんだから、どうしていいもんだか、私までおかしくなりそうでねえ。いやぁ、平野さんに電話もらってよかったわ。洋子のことはどうしたらいいもんだか……」

「おかあさん、洋子さんは鬱病だと診断されたんですよね。だったら、しっかりと鬱病の治療をしなくてはいけないと思います。もし、いままで通っていた病院に行くのがいやだったら、大きな病院、例えば市立病院とか、大学病院とか、そういう病院の精神科に行ってみたらどうでしょうか。それから……、鬱病は決して恥ずかしい病気ではないんですよ。真面目でがんばる人が強いストレスを受けるとかかる現代病の一種だということです。胃潰瘍になったとか、肺炎になったとか、そういう病気だったら恥ずかしくないし治療をするでしょ。それと同じだと考えて……。鬱病は……、決してうそをついたりおおげさにいっているんじゃなく、本人がとてもつらい思いをしている病気なので、ぜひ治療をしてあげた方がいいと思います」

「ああ、そう考えればなんでもないわなあ……。恥ずかしいことではないんだわねえ。アタシは昔の人間なんでねえ、頭がおかしくなっちまったんじゃあ困ったもんだと思っていただけんど……。じゃあ、パートが休みの日に近くの市立病院にでも連れていってみますかねえ。でもねえ、死にてぇっていったり、悲しいっていったり、眠れねえっていったり、アタシにはただのわがままとしか見えねえだけんど……」

「それが鬱病の症状なんです。病院に連れていった方がいいと思います。でも、病院によって予約制のところもあるので、前もって電話で確認してみた方がいいですよ。あっ、それから洋子さんの自己破産の申立の件ですが、この二、三日のうちに森本弁護士が裁判所に申し立てるっていっていましたから、安心してくださいね」

　それから二日後、森本弁護士が東京地裁に出かけ、自己破産申立手続をおこない、その日の午後五

時に破産決定がなされた[11]。洋子さんに電話で伝えるとたいそう喜び、
「平野さん、それじゃあ、もう絶対に大丈夫なんだね、よかったあー。それからねえ、あした、おかあさんがパート休んで市立病院に連れていってくれるっていってたよ。病院に行って具合がよくなったら、おかあさんと一緒に遊びにいくね」
と、うれしそうに語っていた。

慎一氏に関して、森本弁護士は、過払金返還訴訟[12]を提起すべく、過払金があることがわかるとすぐに準備に取りかかった。過払金があることがわかった場合、伊武木弁護士はケースや依頼者の事情により、返還してもらう額を交渉[13]でまとめる案件と、過払金返還訴訟を提起する案件とを分けていたが、森本弁護士は、すべてについて訴訟提起する方法を取っていた。

過払金が四百万円もあったというのは、慎一氏にとって信じられない事実であったようで、電話で何度も確認をされた。もちろん、大変喜んでいた。

11　東京地方裁判所では、代理人である弁護士が自己破産申立手続をして裁判官との面接をし、申立人に財産がないことが明かであり、特に問題がないと裁判官が判断すれば、同日午後五時に破産決定が出る。
12　利息制限法で返済額を計算し直し、サラ金に利息を払いすぎているということがわかった場合に、借主から貸主に対して、払いすぎた金額を返してほしいと申し立てる裁判。
13　訴訟にすれば、ほぼ間違いなく満額の返還が認められるが、時間がかかる。そこで、電話による交渉で、満額の八割程度を迅速に返還してもらうよう約束し解決することもある。

洋子さんの自己破産が決定したのと、慎一氏に関する過払金の額が確定し過払金返還訴訟を提起したのとは、ほとんどときを同じくしていた。依頼された事件は、順調に処理されていったといえる。

Ⅵ　私の信念です

洋子さんの破産決定がなされた一週間ほどのち、洋子さんの母から電話が入った。

「平野さん？　今朝、近所の団地の階段で、洋子が怪我をして倒れているのが見つかって救急車で市立病院に運ばれただよ。ああ、いま？　市立病院からかけてるだけんど……。まったくびっくりしちまってねえ……。今朝早くアタシが眠っていて知らないうちに洋子が睡眠薬をたくさん飲んで、外に出ていったらしいだけんど、アタシは洋子が出ていくのに気づかなくてねえ……。団地の階段から飛び降りたんだかなんだか……。怪我はそんなにひどくないし、いまは意識がもどっただけんど、まったく酔っぱらいみたいな話しかたをしてさあ……、これから、どうしたらいいんだろうってわかんなくなっちまってね。病院の先生は、本当は入院した方がいいっていうだけんど……、なにしろ金がないから連れて帰るしかないだろうなあ……。入院するには保証金を払わねばならないし、いまはそんな金ないから……」

「じゃあ、連れて帰って、なるべくおかあさんが一緒にいて優しくしてあげるしかないでしょうかねえ。洋子さんが、自分は一人ぼっちじゃないんだと感じられるように……。きょうは一緒の部屋に寝て、あすの朝都合がいい時間に、私に電話をください。きょうのことを叱ったりしない方がいいと思いますよ」

　次の日の朝、洋子さんの母から電話が入った。

「きのうはすいませんでしたねぇ。すぐに近所の人のうわさになるんで、相談する人がいなくてねぇ。平野さんがいったとおり、きのうはとなりに布団敷いて、いろいろ話しただけんど、なんであんなになっちまったのか……。まるで子どもみたいなんだよねえ……。寂しい、悲しい、一人になりたくないって子どもみたいに泣くんだわ。アタシが、『なにか買ってやろうか』って聞いたら、少し黙っていて『ぬり絵』っていうんだよ、バカバカしい。本当に頭がおかしくなっちまったんじゃないかって……。そして、いまもきょうはどうしてもパートに行かないで一緒にいてくれって泣いてるんだわ」

「慎一さんは、サラ金に毎月一二万円ずつ返さなくてよくなった分、おかあさんに多めにお金を入れてくれるようになりました？　もし多めにお金を入れてくれるとすれば、おかあさんのパートを少し減らして、洋子さんと一緒にいられる時間を長くしてあげたらどうでしょうか」

「慎一はこれまで毎月一二万円サラ金に返すために、給料の前借りをしていた分もあるんでねぇ……。一二万円そのまま余裕が出るわけでないんだよね。アタシも少しは働かねば……。それに慎一だって、嫁もらうにしても貯金の一つもしとかないとなぁ。頼ってばかりはいられないんだわ。でも……、そうだね……、きょうはパート休んで、これから先も少しパートを減らすようにしてみるかねえ」

「そうですね。それがいいと思います。洋子さんが子どもにもどったとか頭がおかしくなったとか、そんなふうに考えないで、そういう病気なんだということを忘れないでくださいね。おかあさんもつらいでしょうけれど、洋子さんはもっとつらいのだから、なるべく洋子さんが安心して休めるように、おかあさんができるだけ近くにいてあげるのがいいと思います。私も……、力不足で申し訳ありません。いま、そこに洋子さんいらっしゃいます？」

母親は私に、洋子さんの気持ちが静まるようになんとかいってほしいと頼んだあと、大きな声で、「洋子」「洋子」と呼んでいるのが聞こえた。私は、洋子さんの行動が自殺未遂の可能性が強いと感じていたが、なにも触れない方がいいだろうと思った。

「洋子さん、おはよう。きのうは大変だったね。階段で転んで怪我しちゃったんだって？」

「うーん、転んだっていうか……。怪我はもうそんなに痛くないんだけど……」

「薬をたくさん飲んで出かけちゃったって聞いたけど、薬を飲んでから出かけると危ないから、今度から薬を飲んだら、家から出ないようにした方がいいと思うよ。おかあさんがとっても心配してね……。きのう、おかあさんがいってたよ、『大切で大好きな洋子が怪我しちゃって、自分が痛いみたいだ。洋子と代わってやりたい』って……。おかあさんは洋子さんのこと大好きだし、とっても大切だと思っていてね……、だから、本当はいつも洋子さんと一緒にいたいと思っているんだけど、仕事をしないと生活していけないでしょ。でもね、きょうはパートを休んで一日中洋子さんと一緒にいるって、いま、そういってたよ」

「エーッ、本当？　うれしい！　平野さんが頼んでくれたの？」

「ううん、私はなにも頼んでないよ。さっき、おかあさんが私にそういってた。きょうは、洋子さんと一緒にいるんだって。ねえ、おかあさんから聞いたんだけど、洋子さんぬり絵がしたいんだって？このごろ、大人のためのぬり絵って流行《はや》っているよね。私も本屋さんで見たことがある。いろいろあってすごくかわいいから、私もやってみたいなって思ってたんだあ」

「エーッ、本当？　おかあさんは、大人のくせにぬり絵がしたいなんてバカじゃないかっていうんだよ。わーっ、平野さんもぬり絵がしたいの？」

「うん、かわいいとは思うんだけど、いまは仕事が忙しいからぬり絵をする暇はないなぁ……。そうだ、私が本屋さんでぬり絵を買って色鉛筆と一緒に送ってあげる。そしたら、きれいにぬって、私に一枚送ってくれる？」

「エエーッ、本当？　平野さんが買ってくれるの？」

「うん、何日か待っていてね。それからね、約束してほしいことが一つあるんだけど、薬は先生にいわれたとおりにきちんと飲んで。どうしていいかわからないほど悲しかったり寂しかったりしたら、私に電話してね。洋子さんは、おかあさんに『死にたい』っていったことがあるって、おかあさんがものすごく心配していたよ。洋子さんが死んじゃったら、おかあさんも悲しすぎて死んじゃうよ。だから死んだりしちゃ絶対にダメだよ」

「はい。寂しかったら平野さんに電話するね」


その数日後、私は洋子さんにぬり絵と色鉛筆を送った。

ぬり絵を受け取ったあと、一時は洋子さんの精神状態が安定していたように思う。ぬり絵がきれいにできたとか、もっと上手にできたら送るとか、毎日のように電話がかかってきていた。しかし、ある朝、母親から電話が入り、洋子さんが首を吊って自殺を図ったが未遂に終わったことを知らされた。

「先生は、鬱病がひどいので、絶対に入院させないとダメだっていうだけんど、入院させるほどの金がないしねぇ。でも、とりあえず三、四日は絶対に入院させておかないとダメだっていわれてね……」

「そうですか……。こちらで、慎一さんの過払金がいつごろ返してもらえるか聞いてみます。あのお金があれば……、もっとも、あのお金は慎一さんのものですが、でもあのお金があれば入院できますよね」

「そうだよねぇ。慎一に話せば使っていいっていってくれると思うだけんどねぇ……」

私は、過払金返還の手続がどの程度まで進んでいるか調べてみると母親に約束をして電話を切った。そして、伊武木弁護士にこれまでのいきさつと現在の洋子さんが置かれている状態を説明した。伊武木弁護士なら、事件全体を包括的に捉えたうえで、過払金返還訴訟を提起した債権者のうち一部の債権者と交渉し、訴訟の取下げをするなどなんらかの方法で、もちろん満額ではないが、洋子さんの入院費が支払える程度の金額だけでも早急に返還してもらえるような方法をとってくれるのではないかと考えたのだ。


伊武木弁護士は少し考えたのち、森本弁護士を呼び、話を始めた。

「債務整理をしている人のなかにはさまざまな事情の人がいて、必ずしも過払金全額を返してもらうよりも、例えば八割程度で妥協したとしても、早く返してほしいという状況におかれている人もいると思うんだ……。ぼくはそのあたりのことを考えて、交渉で解決したり訴訟にしたりケースバイケースでやっているんだけど、森本先生は、どうして過払金返還請求をすべて裁判に持ち込むの？　今回の望月慎一さんのケースなんか、一部だけでも早く返してもらうわけにはいかないのかなあ？　弁護士会の勉強会でそういう指導を受けたから？　それともなにか森本先生の信念でもあるの？」

とたずねた。森本弁護士は少し考えてから、

「私の信念です。サラ金は、一社でも、七割とか八割で妥協すると、あの弁護士は妥協するって各社に情報が流れて、他の債権者の過払金も同じ割合じゃないと返還できないといってきたりして、やりにくくなるんですよね。裁判にすればまず間違いなく全額回収できますし、それほど手間がかかるわけではありません。不当に利益を得たサラ金から、不当に得た利益全額を回収するのが正義にかなっており、そうすべきだというのが私の信念です」

「でも、依頼者のなかにはいろいろな事情を抱えた人がいるでしょ。たとえ額は少なくなっても早くお金がほしいという人もいるでしょ。それでもすべて時間がかかる訴訟に持ち込む……。それが森本先生の信念なんだね」

「はい。多くの人たちを苦しめてきたサラ金に対しては、一律にそのような方法で対処するというのが、私の弁護士としての信念です」

伊武木弁護士は、信念なら仕方がないねと答え、それ以上なにもいわなかった。

過払金返還請求の場合、過払金の金額が確定した時点で、弁護士がサラ金に電話で交渉し、過払金の八割程度を即時に返還してもらうという解決方法もある。弁護士の交渉能力にもよるが、かつて伊武木弁護士が交渉をして過払金額確定後一〇日ほどで返還が受けられたこともある。裁判に持ち込め

ば、ほとんど例外なく全額返してもらえるが、実際にお金を手にするまでには五カ月程度を必要とすることが多い。洋子さんには時間がなかった。慎一氏の過払金を一日も早く返してもらい、入院することが必要である。

しかし、森本弁護士の信念によって、慎一氏の過払金がもどってくるまで、かなりの時間を待たなければならないことになった。

私は重い気持ちで洋子さんの母に電話をした。

「申し訳ありません。いろいろとやってみたのですが、サラ金からお金が返ってくるのは、まだ先になりそうです。洋子さんの具合はどうですか?」

「ありがとうございます……。きのう退院してきてね、いまは落ち着いて家で休んでいるだけんど……、病院の先生と『もう絶対に首吊ったりしない』って約束して、前より少し強い薬をくれたんだか、よく眠るようになったんだわ。平野さんのことはいつも話していて、優しいねとか、電話したいとか、病気が治ったら平野さんみたいな仕事をするんだなんていうようになってね……。でも、あんまり電話してはいけないよ、平野さんは仕事で忙しいんだからって止めているだけんどねえ」

「遠慮しなくていいですよ。毎日でも洋子さんの気が向いたときにはお電話ください」

その日以降、洋子さんと私の電話は、土・日をのぞいて日課のようになり、私からかけたり洋子さんからかかってきたりしていた。洋子さんの病状はあまりよくなっていないように感じられたが、ときには、

「平野さんみたいな仕事をするにはどういう勉強すればいいの?」

とたずねたりして、多少意欲が湧いてきているようにも感じられた。しかし、孤独感は相変わらず強く、焦燥感もともなっているように思えた。あるとき、私は仕事の都合で洋子さんの自宅近くまで出かける用事ができたので、

「今度、仕事で洋子さんの家の近くまで出かける用事ができたんだけど、そしたらどこかで会いましょうか。外に出るのがいやだったら、洋子さんの家に行ってもいいし……」

というと、洋子さんはとても喜び、

「いつ？　いつ？」

と聞いてきた。私は、まだ決まっていないが、決まったら必ず会っておしゃべりする時間の余裕を持って出かけると約束をした。しかし、それが、私が洋子さんの声を聞く最後になってしまった。

その次の日、私は父が急逝したとの連絡を受け、すでに息のない父の元に駆けつけた。死に目にあえなかったことが悔やまれ、さまざまな思いが交錯し、それからの数日間、まわりに動かされるようにしてときが過ぎた。洋子さんのことはもちろん、すべてのことが私の頭から抜け落ちていた。

六日目の朝、フラフラしながら事務所に出た。洋子さんの母から電話が入っていると声をかけられ、そういえばここ何日間か洋子さんと連絡を取っていなかったことを思い出し、受話器を取った。

「きのうの夜、洋子が焼身自殺を……」

私は、一瞬、洋子さんの母親がなにをいっているのか理解できなかった。

「えっ、いま、洋子さんはどうしているんですか？」

「洋子は灯油かぶって自殺……、いまは……、霊安室……」

洋子さんの母は泣きじゃくりながら、

「きのうだかおとつい、平野さんに連絡が取れないんだっていうから、きっと忙しいんだろっていっただけんど、洋子は、平野さんと会う約束をした、どうしたんだろうなんていって、うれしそうにしてただけんどねぇ……」


私は、事務所の床に泣き崩れたということだ。事務所の床に座りこんでひたすら泣き続けるだけになった私を、伊武木弁護士が病院に連れていってくれたらしい。病院での私は、父が亡くなったことも、自分がどこにいるのかも、自分がだれなのかさえわからなくなっていたという。医師に、一過性全健忘という診断を受け、その日の夕方には少しずつ記憶がもどってきた。

記憶がもどるにつれ、悲しさと、くやしさと、もどかしさで、いたたまれなくなった。

私が電話をするのを忘れたから洋子さんは死んでしまった……。どうして洋子さんに電話をしなかったんだろう……。慎一さんのお金を一部だけでも早く返してあげれば、洋子さんは入院できたのに……。私が洋子さんを殺してしまった……。電話をしていたら洋子さんは自殺をしなかったかもしれない！　森本弁護士は淡々と仕事を続けているように見えるが、どう考えているのだろう。弁護士の信念を貫くことと、臨機応変に対応して困っている依頼者を救うのと、どちらが大切だと考えているのだろう。

葬儀は、密葬でおこなうということだったので私は遠慮した。通夜の晩も葬儀の日も、私は、洋子さんがはじめて事務所を訪れたときに感じた、愛おしいような、どこかはかなげで妙に印象に残る雰囲気を思い出していた。洋子さんの色白の顔には、桃色のふっくらしたカーディガンがよく似合っていた。でも、洋子さんはもうこの世にいない。ごめんね、洋子さん……。

慎一氏の裁判がすべて終わり、精算のために慎一氏と母が事務所にやってきたとき、私は母親に謝罪した。

「申し訳ありません。私はいまでも後悔しています。私が、洋子さんに会いにいくなんていう電話をしたあと、数日間連絡をしなかったことが引き金になったのではないかと思っています。おかあさんの大切な洋子さん……、守ってあげられなくて本当に申し訳ありませんでした……」

母親は、私の両手を握り涙ぐみながら、

「そんな、とんでもないこと……。あの娘は、こうなる運命だったんだわ……。平野さんには恥ずかしくて全部話せなかっただけんど、何度もあったんだわ……。二階の屋根にのぼって飛び降りようとしたり、梁に紐をくくりつけてみたり、どっちにしてもこうなっていたんだと思ってね……。あの娘の遺書にへたくそな字で、『生まれ変わってきたら平野さんみたいになりたい』って、そう書いてあってね。きっと、優しくしてもらってうれしかったんだろうって、慎一も……。だから、申し訳ないなんてとんでもないことだよ……」

慎一氏と母が帰ったあと、伊武木弁護士は、森本弁護士と私を会議室に呼び、

「ここできちんと話をしておきたいので、よく聞いておいてほしい。望月洋子さんの自殺については、二人とも責任を感じる必要はない。依頼されたことについて、森本先生も平野さんも、依頼者が納得するようにきちんと処理をしたと思っている。平野さんがしていたことは、依頼された仕事の枠を越えた部分で一人の人間を助けようとしていただけで、決して平野さんが依頼事項について怠慢だったわけではないよ。平野さんは今回のことが尾を引かないようにね……。本当に、二人とも一生懸命にやってくれたよ」

と語った。


私は、いまでも、洋子さんの色白の顔と印象に残る雰囲気をよく思い出す。

Ⅶ　別の案件では

公平に、正義にかなうように……、確かに大変大切なことではあるが……。

ある昼休み、主に森本弁護士の仕事を担当している事務員の斉藤リサさんが話し始めた。

「債務整理って、いろいろとあって難しいですね。森本先生のやりかたを見ていて、エーッ、これじゃあ依頼者が可哀想って思うことがあるんですよね……」
[14] 斉藤さんが話すところによれば、森本弁護士が多重債務を抱えた矢島宏志氏という男性から、任意弁済の交渉を頼まれた。矢島氏の債権者は全部で七社、利息制限法による引き直し後の債務総額が約

二五〇万円、毎月の返済原資[15]は五万円程度だったという。毎月約五万円ずつ二五〇万円に達するまで返済するとすれば、四年程度かかることになる。森本弁護士は、斉藤さんに、各社に対して均等な割合で返済できるような返済計画案を作成するように指示を与えた。

七社の債権者のうち、アリフジという債権者一社の債権額は総額五万二千余円で、他の債権者にくらべて極端に少額だった。それを四年間で返済すれば一カ月千余円の分割という計算になる。できあがった返済計画案を見た森本弁護士は、斉藤さんに向かって、

「いま、矢島さんから預かっている着手金と実費から、この一社だけ先に返済してしまったほうがよさそうだね。矢島さんも返済する債権者が一社でも少ない方が気分的にも楽だろうし、振込料も少しですむから、一括返済を条件に返済金額を減額してくれるよう、アリフジと交渉してみよう」

と述べ、アリフジとの交渉に入ったという。

森本弁護士は、アリフジの担当者に電話をかけ、

「債務者・矢島宏志さんの件なんですけどねえ、このかた、数社から借入があって債務総額はかなりの額になるんですよ。アリフジさん以外の債権者は額が多いので、四年もしくはそれ以上の分割にしようと思っているんですけどね、アリフジさんだけ債権額が少ないので、もし、減額可能なら一括返済も可能かなと考えているんですが……、どうでしょうね、五万二千余円の債権額を四万五千円に減

14　債務を利息制限法にもとづいて計算し直し、返済期間中は利子を付けないという条件で債権者と話し合い、債務者の経済状態にあわせて少しずつ分割で返済をすること。

15　債務者がサラ金の返済に充てるお金。

額してくれれば一括で返済したいと思いますが、アリフジさんとしても、四年間も毎月千余円を受け取っているより一括で四万五千円を受け取った方がいいでしょう……？　仮に四年分割で毎月千円ぐらいずつ返すことで和解したとしても、さっきも話したように、この人は債務総額が多いので、最後まで返し続けられるかどうか……途中で払えなくなって自己破産手続に移行[16]するような事態にならないともかぎらないですしね……」

と提案し交渉をしたという。しかし、アリフジの担当者は森本弁護士の提案には応じず、

「一括返済を条件に減額するとしても、四万八千円が限度ですね。それ以下なら、うえの許可がおりないので、分割でも全額返済していただくということで和解したい」

と回答してきたという。

「へえー、それで、どうして依頼者が可哀想なの？」

と、私がたずねると、斉藤リサさんはいいにくそうにしながら、

「森本先生ってちょっと意地っ張りっていうか……。まあ、信念だっておっしゃってますけど……、私はアリフジからの提案を聞いたとき、そっちの方がいいかなぁって思ったんです。でも、森本先生は、『それじゃあ、この話はなかったことにして、アリフジも他の債権者と同じ扱いにしよう』っていって……。結局、毎月千円を五一回返済して五二回目は端数分も足して返すって決めたんですよ。でも、矢島さんにとっては、アリフジの提案の方がよかったですよね。だって、千円ずつ五〇回以上も振込んだら、振込手数料だけでも大変ですもんねぇ」

「そうねぇ、斉藤さんから、森本先生に『振込料が大変じゃないでしょうかねぇ』とでもいってみる

ことできなかったの？」

「とんでもありません。森本先生は、私のような立場の者からそんなこといわれたら大変ですよ……。気に入らないとすぐにムッとした表情をしますから……、私がそんなこといったら大変です。いつも、そうですね、そうですね、だけしかいわないようにしているんです」

といって、ペロッと舌を出した。

各債権者に対し約四年、つまり四八回を目安に返済を完了させる。一律で公平といえば、確かに一番公平だろう。しかし、本当に細やかに依頼者の利益を考えた場合、この解決方法が妥当だったのか否か、私には疑問が残る。


誤解がないように、ひと言付け加えるが、私は、決して森本弁護士の信念が間違っていると述べているわけではない。おそらく、世のなかには、信念もなにも持たず、お金もうけを最優先に仕事をしている弁護士もたくさんいるだろう。それに比べ、確たる信念をもって仕事に励んでいるのは素晴らしいことだと私は思っている。その私の考えを前提として、それでもなお、弁護士個々人の持つ「信念」というものについて問いかけたいと思い、書いてみた。

これらは、ほんの一例に過ぎないと思う。しかし、さまざまな形の弁護士の「信念」が、ときとし

16　債務総額が収入に見合わないほど多く、弁護士が自己破産申立を勧めたにもかかわらず、債務者本人が、「必ず返す」という意気込みで返済を始めることがある。しかし、途中でそれが不可能になり、結局、自己破産申立手続に移行するケースもある。

て、依頼者の利益に反する結果になりかねないということを、すべての弁護士が頭の隅っこにでも置いていれば、よりよい納得と解決が得られるのではないだろうかと考えている。

でも……、これは、しょせん、法曹資格を持たない私の感想である。

第5章　裁判周辺のさまざまな人々

私は毎日のように、裁判官・弁護士・依頼者などにお目にかかっている。でも検事は、桐の模様の風呂敷包みを重そうに抱えている姿を、横目でチラッと見たことがあるぐらいだ。

裁判官や弁護士はおおよそのタイプが決まっているようにも感じるが、よい意味でも悪い意味でも、実にユニークなかたがたもいらっしゃる。依頼者はそれこそさまざまだ。

Ⅰ　裁判官

裁判官の多くは、目立つことや争うことをきらい、頭脳明晰だが控えめ、いわゆる紳士タイプで、近寄りがたいほど高潔という印象があり、法服[1]を着て法廷に現れたりすると畏怖の念さえ感じかねな

1　裁判官や書記官が身につけている黒いガウンのような服。黒は、なにものにも染まらない、だれの影響も受けな

いが、たまにはちがうタイプの裁判官に出会うこともある。

裁判官のなかでは上下関係が非常にはっきりしており、裁判所内を歩く順序やエレベーターに乗る順序まで、うえの裁判官から一列に、というのが鉄則らしい。

裁判官が？

裁判所利用者の利益向上を目指し、非常に斬新な審理方法を研究し実践しているというある地方裁判所を見学したことがある。

その裁判所では、「利用者にとってわかりやすい迅速な裁判」「利用者により近い存在の裁判所」を目指し、裁判官や書記官、また地元の弁護士会も一体になって研究会を開いている。中心になって研究会を企画し、実際に法廷に立って新しい方式による審理方法を試している裁判官のうちお二人が時間を割き、夕食をともにしながら研究内容などを話してくださった。その新たな審理方法については、別稿[2]にくわしいのでここでは触れないことにする。

私がその地方裁判所をはじめて傍聴させていただいたとき、とても驚いたことがある。ラウンドテーブル法廷[3]に入廷したその裁判官は法服を身につけておらず、

「おはようございます。○川さんが[4]△山さんに、貸したお金を返してほしいと訴えた裁判について、きょうははじめての口頭弁論期日ですね……。○川さんも△山さんも、わからないことがあれば、その都度聞いてください」

と話し始めた。裁判官の入廷とともに急いで立ちあがり礼をした私は、にこやかにあいさつをして

いる裁判官を見ながらポカンとしてしまった。裁判官があいさつする……、ほとんど目にしたことがなかった。そして、裁判官は、代理人（ここでは弁護士）が横に座っているにもかかわらず、原告や被告本人にわかりやすいような言葉で説明をする……、これもはじめて見た。

私がそれまで見てきた数々の法廷では、裁判官は資料のたぐいを抱え、一段高い裁判官席のうしろの扉から法服を着て音もなく現れ、その瞬間、弁護士や当事者、傍聴人が素早く立ちあがり礼をする。裁判官は一通り見渡して余裕ありげな様子で着席する。次に、廷吏[5]が事件番号[6]を読みあげると、裁判官は資料を見ながらおもむろに訴訟進行の手続に入る。まさに法という鎧を身にまとった雲上人のよ

いということの象徴らしい。聞くところによれば、裁判官の法服は一〇〇%シルク、書記官の法服は木綿でできており、裁判官や書記官は、裁判所から法服を一着だけ貸与され、その法服を持って転勤して歩くらしい。裁判所ではクリーニングをしてくれないので、裁判官自らがクリーニング店に持ち込むそうだ。ある裁判官はクリーニング屋で「これなんですか？」と聞かれたという。一着の法服を七～八年着続けて肘が抜けてこないと新しい法服と取り替えてくれないそうだ。これでは事業仕分けには引っかからないだろう！

2　麻田恭子「民事裁判への新風――ある地方裁判所における当事者参加型訴訟に関する報告――」『法学研究』21号（立教大学大学院法学研究会）、麻田恭子「真の紛争解決を目指して――利用者が納得を得られる民事訴訟への提案と模索――」『法学研究』23号（立教大学大学院法学研究会）

3　通常テレビで見るような法廷とはちがい、大きめな楕円形（の場合が多い）のテーブルを囲んで、裁判官・弁護士・依頼者が、裁判手続をおこなう。公開手続なので、テーブルのうしろの方に傍聴席がある。

4　法廷において公開でおこなわれる通常の裁判手続のこと。

5　法廷において、秩序の維持、関係人との連絡、事件の読みあげ、開廷簿の管理などについて裁判官を補助する裁判所職員。

6　裁判所ごとにすべての事件に年ごとに番号が付され、事件はその番号で管理されている。

うであり、簡単に話しかけられる雰囲気ではない。

しかし、そのとき私が見た裁判官は、いつも見慣れた裁判官とちがってとても親しみやすく、なんでも話せるような、そして法だけに頼るのではなく一般常識の範囲内で事件を裁いてくれるだろうと思うような、たいそう信頼できる雰囲気を漂わせていた。

何件か裁判を傍聴したのち、午後七時から、二人の裁判官と一緒に食事をしながら、なぜこのような審理方法を考えようとしたのか、利用者の反応はどのようなものなのか、その他さまざまな話を聞かせていただくことになった。

しかし、私がもっと驚いたのは審理方法についてではなく、裁判官のうちの一方が待ち合わせ場所に着くなり、

「やあ、お待たせしました。子ども二人を保育園に迎えにいって官舎に連れて帰ってきたものでね。それがなければもっと早く来られたんですが……」

と、汗を拭きながら語ったことだった。裁判官自らが保育園に迎えにいく……、奥さんは？　少し酔ってきたころ、私は好奇心にふたをできなくなった。

「私はね、いま、男手一つで三人の子どもを育てているんですよ。妻は妻で強い信念のもと、紛争のなかに身を置いたかたがたのために働いておりまして、しょっちゅう転勤がある私と一緒に日本中を動き回ることができないのでね……。どちらが子どもの面倒を見ようかということになったとき、妻の方が時間的に不規則なので、今回は、裁判官の私が単身赴任ならぬ子連れ赴任をすることにしたんです。やあ、子育ても楽しいものですよ……」

具体的な子育ての話もいろいろうかがった。裁判所に行く前に一番うえの子は小学校に出かけ、その後二人の子らを裁判官が自転車で保育園まで送り届ける。一人は前の小さな椅子に乗せ、まだ一人で自転車の席に座ることができない三番目の子は背負って自転車に乗るそうだ。一番うえの子は小学校が終わると学童保育で時間を過ごし、裁判所の仕事が終わった裁判官が二人の子らを自転車で保育園に迎えにいく。

次の日、書記官に聞くと、近くのマーケットで子どもを背負って自転車から降り、買い物をしている裁判官の姿がときどき見られるということだった。

「いやぁ、元気なときはいいけど、病気をすると大変ですね……、兼業主婦の立場がよく理解できますよ。困ったときにお手伝いを頼む人がいるんですが、急だとその人もダメだったりしてね……。そんなときには、官舎が裁判所のすぐ近くですから、昼休みに急いで官舎に帰って子どもの様子を見て薬を飲ませて裁判所にもどったりしてね……。きょうはそのお手伝いの人が子どもたちに夕飯を食べさせてくれています。ええ、私たち裁判官は家で仕事をすることも多いですよ。子どもたちをお風呂に入れて寝かしつけたあと、いくらでも時間がありますからね。もちろん、仕事に誇りを持っていますし、手を抜くなんてことはありませんよ」

なんと人間的な裁判官ではないか！　育児の楽しさや苦労を知り、物価の変動にも敏感になり、生き生きとした一般社会の動きを感じとって生活している……。このようにごく普通の人と同じ日常感覚を身につけている裁判官なら、おそらく裁判当事者の目線で事件を捉え、一般人の感覚で納得できるような和解を進め、また、判決を書くことができるだろう。

私が知るかぎり、裁判官は一般社会を知らなすぎる。[7]子育て大賛成。裁判所の外の世界を知らなければ、一般の人が納得できるような判断ができないと思う。

あっ、のし紙が……

子育て裁判官と反対に世のなかの常識を知らない裁判官も存在する。

私が勤務している法律事務所で弁護修習を終えた修習生が、しばらくして、裁判官として任官することに決まったとあいさつにきた。[8]修習生の多くは、就職が決まるとその報告をするためにちょっとした手土産を持って事務所を訪れる。研修所でそのようにした方がいいとアドバイスを受けるのだろうか。

東京地裁に裁判官として任官が決まったというある修習生も、やはり、菓子折を持って報告にきた。伊武木弁護士が、

「すごいねえ。君は現役で東大に入学し、現役で司法試験に合格して、東京地裁の裁判官か……、優秀なんだね。もしかしたら、ぼくが担当する事件の判決文を裁判官になった君が書くっていうこともあるかもしれないね」

自分のことのように喜んで歓待した。

伊武木弁護士の評価によれば、彼は修習中から法律家としての仕事をこなす能力は非常に高かったという。私は、その点については判断できない。でも、彼に関して驚いたことがある。

彼は、指示を出されたことしかしない、典型的な指示待ち人間だった。たとえば、いぶき法律事務

所では、三時にお茶とお菓子を出す習慣があったが、彼はお茶碗も菓子皿も片付けないで、終業時刻になるとあいさつもせず帰宅する。私が、

「お茶碗は、飲み終わったら流しに出しておいてくださいますか」

といったことがあった。彼はいわれたとおり、その日からお茶碗を流しに出し、菓子皿やフォークなどは机のうえに置いたまま帰った。指示に忠実にしたがったのだろう。また、『六法』やその他書籍を机のうえに乱雑に開いたまま置いて帰るのを見た伊武木弁護士が、

「きみ、『六法』ぐらい閉じて片付けて帰ったらどうだ……」

と注意したところ、その日から『六法』だけは頁を閉じ、机の隅に置いて帰るようになった。しかし、その他の本は開けたまま乱雑に放置してあった。他にも書き出せばきりがない。

あいさつにきた彼が帰ったのち、お茶の時間に、彼が持ってきてくれた菓子折の包みを開け、私は絶句した。のし紙の水引のしたに「いぶき法律事務所」と書いてあったのだ。思わず、事務所員たちに見せてしまった。彼は、のし紙には自分の名前を書くのではなく、相手の名前を書くものだと思っていたようだ。

もちろん、のし紙の使い方を知らなくとも、裁判官になって難しい法律論を展開することはできる

7　裁判官は忙しすぎて、任官したのち一般常識を学ぶ時間はないようだ。裁判官の日常を描いていて大変興味深い書籍として、『裁判官は訴える！　私たちの大疑問』（日本裁判官ネットワーク著、講談社）がある。
8　司法試験に合格し、実務に就く修習生という身分の者が、実際の法律事務所で弁護実務を覚えること。

だろう。でも、それでいいのだろうか。その一般生活に関する常識のなさが、彼の思考回路のすべてを物語っているとはいえないだろうか。彼は、アルバイトをしたことがないといっていた。つまり、ずっと学問を続け、社会を一度も見ることなく裁判官になったということだ。そのような人が、社会のなかで生活している一般の人たちの紛争を裁くのは危険だ、と私は考えている。

以前、伊武木弁護士が原告代理人となり、連帯保証人欄に署名・捺印した人物を被告として貸金返還訴訟を提起したことがあるが、その被告に連帯保証の意思があったか否かが争点になった控訴審[9]で、ある有名な高裁の裁判官は第一審判決を覆し、控訴人[10]には連帯保証の意思はなかったと判断した。その判決理由のなかに次のようなくだりがある。曰く、

「他人の連帯保証をするような場合には、妻の意向を訊いてから実行するか否かを決めるのが通常であり、連帯保証の依頼を受けた直後、誰に相談するでもなくその場で応じたような場合に、連帯保証人になる意思があったとは認められない」

エーッ、そんな馬鹿な……。妻に相談してから連帯保証人を引き受ける男性など存在するのだろうか。妻に相談したら、やめなさいといわれるに決まっているではないか。友人や知人に頼まれ、心のなかでは困ったなあ……、どうしようかなあ……、と思い悩みながらも、やむにやまれぬ男の友情から妻に内緒で連帯保証人を引き受ける……、それが世の男性の大半だと思う。

裁判官に任官が決まったのち、一定期間社会に出て働くことを義務づけるというのはどうだろう。そして、初歩の社会常識を知ってから、争いごとの采配をふるっていただきたいものだ。

裁判官のリサイタル

法廷での訴訟指揮[11]もユニークだが、法廷以外での活動もユニークな裁判官を知っている。

その裁判官は、自身の独特な訴訟指揮について論文なども多数著している。子育て裁判官とはちがった意味で親しみやすい。法廷に入ってくるときはいつもにこやかだし、私の知るかぎり必ず気候のあいさつなどをし、自分の名を名乗る。

「きょうはいいお天気で、裁判所の周りの桜がきれいですね。私は担当裁判官の○口です。それでは始めますのでよろしくお願いします」

う〜ん、当然といえば当然かもしれない。裁判官は当事者や代理人全員の名前を知っていて、自分が名乗らないというのも一般社会では失礼な話だと思う。もっとも、法廷で口頭弁論が開かれるときには、法廷の外に貼ってある開廷一覧表[12]を見れば裁判官の名前が書いてあるが……。

9　第一審判決に納得できない当事者が、そのうえの裁判所（第一審が地方裁判所なら控訴審は高等裁判所）にもう一度審理をしてくれるよう申し出ることによっておこなわれる裁判。

10　控訴審の場合、控訴した側を控訴人、控訴された側を被控訴人と呼ぶ。

11　裁判の迅速な処理と審理の完全を期するために訴訟手続を主宰する行為。これは裁判官がおこなうが、経験上裁判官によって方法がかなり異なる。弁護士を選ぶことができても裁判官を選ぶことはできないので、「あーっ、困った裁判官にあたっちゃった」と感じるときもある。

12　その日、その法廷で、何時から、原告がだれで、被告がだれの、どんな内容の裁判がおこなわれるのかについて、書いてある一覧表。

多くの法律学者から非常に優秀だと高く評価されているこの裁判官は、とにかく人生を楽しんでいるように見える。たくさんの研究会に顔を出し、たくさんの講演をし、さぞかし多忙だろうと思うのだが、書記官たちとバンドを組んで練習をしているということだった。あるとき、新宿の小さなスタジオを借りてリサイタルを開くので来ませんかと誘われた。しかもそれだけでなく、

「平野さんもなにか披露してくださいよ。なんでもいいですよ」

といわれた。私にはそんな能力がなく固辞したが、

「大丈夫、大丈夫、小学校や中学校でハーモニカとかたてぶえとか習ったでしょ。ああいうのでいいんですよ。私たちだってそんなものだから……」

私は、やむなく承知し、銀座のヤマハにリコーダーを買いにいった。きれいな色のプラスティック製のリコーダーを安く売っていたので、それと初心者用の教則本を買い求め、ボチボチと練習をした。練習を始めてみるとけっこう楽しくて夢中になり、私の愛犬は私が演奏するヴィヴァルディの『四季・春』に合わせて歌を歌うようになった。

スタジオを借りておこなうリサイタルというのがどういうものなのか、私には未体験で様子を想像することができなかった。

リサイタル当日、私は少しだけ緊張して会場に向かった。小さなステージがあり、数十人が座れるくらいの椅子がならんでいたが、私が到着した開演時間少し前、観客とおぼしき人の姿はほとんど見られず、見知った顔の大学教授らがちらほらと談笑していた。

「ああ……、平野さんも誘われたんだ。どうやら、きょうの観客は全員芸をしないといけないらしい

よ。知ってる？」

「ええ聞いていています。私、なにもできないから困っちゃって……、小学校のころを思い出してリコーダーを持ってきました。ほら、いまはこんなにきれいな色のを売っているんですよ……。きょうは笑いものになるのを覚悟してますから……」

「へぇー、ぼくはピアノを弾くんだよ。ハハハ……、急いで娘に習ったんだ……」

そんな話をしていると、予定の開演時間を十分ほど過ぎて、リサイタルが始まった。主催者の裁判官が進行役を務めたが、いつもの法廷と同じくにこやかで楽しそうだった。バンド演奏がどの程度素晴らしいものだったのかについては触れない方がいいと思うが、終始笑い声が渦巻いていた。バンド演奏のあとは、ゲストの出演時間。アカペラで恥ずかしそうに坂本冬美の演歌を歌った女性裁判官、やはりアカペラで映画『慕情』のテーマを朗々と歌いあげた大学教授（裁判官バンドは伴奏ができるほど上手ではないので、二人ともやむなくアカペラで歌ったのだ）、よく見えなかったがおそらく二、三本の指しか使っていないだろうと思われるピアノ演奏をしたのも有名な大学教授、その他諸々……。リサイタル、いや学芸会といった方がピッタリなその会は、お腹が痛くなるほど笑って幕を閉じた。

その後、全員で打ちあげをしたが、その会場でくだんの裁判官が、

「今度、みなさんで刑務所の慰問に行ってみませんか？」

と発言した。私は酔いも手伝って、つい口走った。

「そうですね。あのバンドが刑務所の慰問に行ったら、受刑者の人たちが『ああ、こんなに音楽が下手な人たちでも、だれかの役に立とうと思ってがんばっているんだ。自分たちも社会復帰したら、だ

れかの役に立てるようがんばろう。本当に可哀想な人たちだ』って思って、ちがう意味での慰問になりますよ」

一同は爆笑した。

それから、半年ぐらい経ってからだったろうか。とある週刊誌の中吊り広告に、「裁判官が率いるバンド！　女囚刑務所を慰問」というタイトルがあるのを見付け、まさかと思いながらその週刊誌を買い求めた。

週刊誌には、うれしそうにバンド演奏をしている例の裁判官の顔が大写しになっていた。

いやはや……、おもしろい裁判官もいたものだ。

憧れの君

渋いマスクにセンスのよいスーツ、いつも変わらぬ穏やかで落ち着いた表情と口調、頭のキレが伝わってくるような訴訟指揮や釈明[13]……、そんなカッコイイ裁判官もいらっしゃる。一度、伊武木弁護士が原告代理人となった訴訟が、その裁判官のもとに係属[14]した。

論文なども執筆なさっているのでお名前は存じあげていたが、実際にお目にかかるのはそのときがはじめてだった。第一印象、わぁーっ、素敵な裁判官……。事務所にもどると、私は事務所全員の前で早速報告した。

「ねえ、声も顔もセンスも……、全部カッコイイのよ！」

でも、本当に驚いたのは訴訟が始まってからの訴訟指揮だった。これほど当事者の立場を公平かつ真剣に考えて訴訟を進行する裁判官を見たことがなかった。記録を読まずに期日に臨んでいるのではないだろうか、と疑いたくなるような裁判官に遭遇することも少なからずあり、そのたびに期日を無駄にしたように感じ、いらだちを覚えることも多い。当事者から、

「きょうの裁判はどうでしたか？」

との質問を受けても、

「いやぁ……、申し訳ありません。裁判官が被告の主張が不充分なのでもう少しくわしく主張するよう釈明をしたので、なんの進展もないまま、次回もう一度弁論準備手続[15]をおこなうということに決まりました……」

などなど、理由は諸々あるにせよなんの進展もなく、当事者が、

「ずいぶん時間がかかるんですねえ」

「裁判官って本当にちゃんと書類を読んでいるんでしょうか。そのことはずっと前にも書きましたよね？」

などといらだつこともある。

しかし、その「憧れの君」は訴訟の進行が早い。ただいたずらに早いわけではなく、両当事者がい

13　当事者の主張・立証（証拠で証明すること）に不完全な部分がある場合、訴訟の内容を明確にするため、裁判官が当事者に主張の補充や訂正の機会を与え、また立証を促す行為。
14　ある事件が裁判になり審理されている状態。
15　公開の法廷ではなく、小さな会議室のような場所で、裁判官と両当事者や関係者が手続をおこなうこと。

つまでになにをすべきかを適切に示し、それをプロセスカードという書面にして明確化し、約束を守らない当事者にはそれなりのペナルティが課せられる。実に公平だと思う。[16]

記録を詳細にいたるまで読んでいることがその発言から明らかであり、信じがたいほど記憶力がよく、一度主張したことは整理されて裁判官の頭のなかに保存され、必要なときにクリックするとすぐに引き出すことができるようだ。

その後、その裁判官の法廷を傍聴したこともある。私が師事した民事訴訟法の大家・故井上治典教授にその裁判官のことを話すと、

「ああ、あの人ね、ワシもよう知っとるよ。あの人は優秀だ。まあ、たぶん最高裁入りだな」

と、おっしゃっていた。

そのうち、テレビでお姿を拝見できるかもしれない。名前は秘密……。

Ⅱ　弁護士

弁護士は、裁判官に比べていろいろなタイプの人がいるようだ。

なかには、まるで王様のようにふんぞり返り、若い勤務弁護士にカバンを持たせ、弁護士以外の人間とは同等に口をききたくないとばかりに、「下にー、下にー」というオーラを発している弁護士もいる。しかし、若手弁護士は非常に気さくな人が多くなっているように感じる。

弁護士は、だれでも法律のエキスパートではあるが、人生のエキスパートであるか、教養のエキス

パートであるか、その他の分野のエキスパートであるかなどについては、個々人によって異なると思うが、弁護士のなかには、「自分たちは他の人とはちがってすべての面でとても偉い」と考えている人も一握りぐらいは存在するようだ。

事務員が弁護士に対等に口をきくとはなんたること!

伊武木弁護士に付いて私も一緒に担当している事件の場合、ほとんどいつも打ち合わせに同行し、話の内容をメモしたり、必要な書類を整理しながら提示したりして、打ち合わせを手伝う。何度も打ち合わせを重ねるうちに、伊武木弁護士に、「私もこういう働きかたをする秘書を置こうかな……、こういう人がいたら便利だよね」などといってくださる相手方弁護士もある。

かつて、伊武木弁護士が、相続事件で相手方弁護士と弁護士会で打ち合わせをした際、いつもどおり私が同行した。伊武木弁護士は、相手方弁護士に対し、私の同席につき事前に承諾を得た。相手方弁護士は、「私は忙しくて……」と繰り返していたが、自分の依頼者からあまりくわしく事件の内容や希望を聞いていなかったようで、事実認識が曖昧だった。相手方弁護士は、当方の依頼者につき、

16 現在も「憧れの君」が使用しているか否かは不明。期日が終わるごとに、その日おこなわれた手続の概略、次回期日までに両当事者が準備すべき書面や証拠、それら書面や証拠の提出期限などを記載し、書面や証拠提出について期限などの遵守を守らせるためのカード。

「そちらの依頼者は、被相続人[17]から生前一億円近いマンションを買ってもらったそうじゃないですか。それを考慮しないと公平ではないですよ」

という趣旨のことを繰り返し述べていた。実は、相手方もほぼ同価格のマンションを被相続人に買ってもらっていたのだが……。

その日は、当初より、相続財産の具体的内容などについて話し合う予定はなく、相手方に相続権があるか否かにつき、相手方弁護士が必要書類をそろえ、当方に開示する予定になっていた。しかし、相手方弁護士は、必要書類の準備ができていなかったらしく、当方依頼者が高額なマンションを被相続人から買ってもらったことばかりを主張し、その日の主たる打ち合わせ事項の内容にはなかなか触れなかった。

私は、相手方も一億円相当のマンションを被相続人に買ってもらっていることを、相手方弁護士が知らないのではないかと考え、相手方が所有しているマンションの謄本や売買契約書の写しなどを書類のなかから取り出して伊武木弁護士に渡し、

「伊武木先生、これらの書類をご覧いただければ、ご納得いただけるのではないでしょうか」

と小声でささやいた（つもりだった）。伊武木弁護士はその書類を見て、

「ああ、そうだね」

と、述べながら相手方弁護士に、

「先生は、先生の依頼者も被相続人にマンションを買ってもらっていたのをご存じですか？　現在居住しているマンションではありませんよ。このマンションも約一億円相当の物件ですが、先生の依頼

者が被相続人から買ってもらって、現在、月額約六〇万円で賃貸している物件です。ご存じなかったですか？」

と問うた。相手方弁護士は、それらの書類を見て、

「私は依頼を受けたばかりでね。それに、とにかく私は忙しくて……、この件については、まだ依頼者と打ち合わせをする時間が取れなくてね。だって、きょうはこんな話をする予定ではなかったでしょう……」

と顔色を変えた。エーッ、そっちが先にマンションの話を持ち出したのに……、変なの！

その日の打ち合わせは、ほとんど成果がなく早々に終了したが、事務所に帰ってしばらくすると、相手方代理人から、行書体フォントの重々しいファクシミリが送られてきた。

「当職[18]は、永年弁護士として執務して参りましたが、弁護士同士の打ち合わせに、事務員ごときが同席をしたのは本日が初めてであります。担当事務員が貴職のカバン持ちとして付き添ってきたのだろうと考え同席を許可しましたが、弁護士同士の話し合いに口を挟み、しかも弁護士の私に対し対等に口をきくとは断じて許し難いことです。今後、どのような事情があろうとも、打ち合わせに事務員が同席することは認めません」

17　死亡したことによって財産が相続されるが、その場合の死亡した人のこと。

18　多くの弁護士は書面で自分自身のことをこのように呼ぶ。いかにも偉そうではないか！

裁判手続の最中に、私が弁護士に対して声をかけたのではない。弁護士間での打ち合わせの最中に、相手方所有のマンション関係書類を整理して持参していたことを思い出し、相手方弁護士の理解を促すために伊武木弁護士に手渡しただけであり、「話し合いに口を挟む」などということはしていない。

いまだに、「弁護士と一般人はちがう、弁護士は偉い」と考えている弁護士が存在するのは事実のようだ。

大丈夫。よくあることですよ

これは、私が勤務している法律事務所での出来事ではないが、弁護士以外の当事者に取材をして内容や気持ちを確認した。

弁護士登録をして約七年、勤務弁護士[19]として執務している山本弁護士は、知人の紹介で新たな事件を受任[20]した。事件の内容に細かく触れることはしないが、依頼者が、ある会社、仮に「トモ・コーポレーション」としよう、を被告として貸金返還を求めた事件だった。

山本弁護士は、依頼者からトモ・コーポレーションの住所と代表取締役の名前、紛争の内容などを聞き、事件に着手した。山本弁護士の秘書がトモ・コーポレーションの商業登記簿謄本[21]を取り寄せようとしたところ、依頼者から聞いた住所には見当たらず[22]、依頼者が述べたのと同じ東京都港区内に同名の会社の登記があった。山本弁護士は、依頼者から聞いた住所と異なる場所に存在する同名の会社を被告として訴状を作成し裁判所に提出した。

山本弁護士が、なぜもっと慎重に確認することをせず、住所が異なるトモ・コーポレーションを被告として訴状を提出してしまったのか、私には理解できない。そして、懸念どおり、山本弁護士が訴えたトモ・コーポレーションは、依頼者が訴えてほしいと述べた会社とは別会社だったのだ。

知らない人から、借りてもいないお金を返せと訴えられたトモ・コーポレーションの代表取締役は、野上さんという女性。東京地方裁判所から送達された訴状を見て驚いた。まったく知らない人から、借りた覚えもないお金を返せという裁判を起こされたのだから、当たり前である。次の日、怒り心頭の野上さんは、原告に事情を問い質《ただ》そうと考え、訴状に書いてある住所を目当てに出かけた。

怒鳴り込まれた依頼者は、それこそびっくりした。依頼者は自宅で内科医を開業していたが、突然、鬼のような形相をした女性が飛び込んできて、患者さんがたくさん待っている待合室で怒り始めたのだ。依頼者は、訴状を手にして怒っている野上さんの前で、山本弁護士に電話をした。

「ああ、山本先生……、この間頼んだトモ・コーポレーションの件ね、あなたなにをやってるの？　なんのことですかじゃないよ。私がいったのとちがう会社を訴えたでしょ。間違って訴えられたかた

19　自分で法律事務所を経営しているのではなく、他の弁護士が経営している法律事務所に勤務している弁護士。「居候弁護士」を略して「イソ弁」とも呼ばれている。
20　当事者の代理人として裁判手続などを引き受けること。
21　登記されている営業上の重要事項（社名・本社所在地・代表取締役名など）について記載されている書類。
22　例えば、取締役の変更や本社所在地の変更があったときなど、商業登記簿謄本の記載事項を変更する必要があるため、閲覧できない期間が発生する。

がいまここにいらして、苦情をいっているんだよ。なんてこととしてくれたの！」

山本弁護士は、電話の向こうで一瞬絶句した（らしい）。このあとの山本弁護士の対応が悪かった。信じがたいことに、山本弁護士は、

「ああ、大丈夫。よくあることですから別に問題ありません。裁判所に申し出て、正確な住所に訴状を送達してもらいますから。いま秘書にインターネットで登記簿の閲覧をさせていますから、ちょっと待ってくださいね。ああわかりました、ありました。大丈夫ですから」

依頼者は拍子抜けしてしまうとともに、あまりにも悪びれない弁護士の態度に、怒る気も失《う》せ電話を切り、野上さんにそのとおり説明した。


一方、間違って訴えられた野上さんは、依頼者と話をしても納得がいかず、東京地裁に出向いて事情を説明した。裁判所のどこに行っていいかわからず、まずは入口の守衛さんにたずね、次にもう少し奥の方の机の近くにいる、やはり守衛さんのような人に聞いたところ、係属部[23]に行って書記官にこの訴状を見せて説明してごらんなさいと階数を教えてもらい、エレベーターに乗った。

野上さんは、恐る恐る「民事五部[24]」と書いてある部屋に入り、書記官に訴状を見せ、疑問点や不満点などを問い質したという。書記官は、送達場所[25]というところに名前が書いてある山本弁護士に電話をかけて聞いてみるといいとアドバイスをした。

野上さんは、書記官に礼をいい、廊下に出て山本弁護士に電話をした。

「私はあなたに訴えられた野上と申します。私はだれにもお金なんか借りていませんよ。どうしてこ

ういうことになったのか、私が納得するように説明してください！」

すでに依頼者から事情を聞いていた山本弁護士は、

「ああ、そのことなら、さっき聞きましたけど、裁判所宛てに手続を取るよう秘書に指示したので心配はいりません、よくあることですから」

「あなた、そんな言い方はないと思いませんか？　私がどれほどびっくりしたかおわかりですか。ひと言ぐらい謝るべきでしょ……。それに、心配いらないっていわれても、裁判所からあんな書類を受け取ったままでは私は心配ですよ。そのくらいのことわかりませんか？」

山本弁護士は、訴え取下げ[26]の手続をしたらその書類のコピーを野上さんに送り、裁判所からも通知[27]が行くのでそれで心配は払拭できるでしょう、といって電話を切ったらしい。

野上さんは、山本弁護士の態度に余計腹を立てた。野上さんは、さっき話をした書記官にもう一度会い、山本弁護士が口にした「よくあることです」というのが本当かどうかを確認した。書記官は、困ったように笑いながら、「こんなことがよくあったら困りますね」と答えたという。野上さんは、山本

23　裁判が係属している部のこと。地方裁判所の小さな支部などをのぞき、裁判所は民事部と刑事部に分かれており、さらに各部に分かれ裁判が係属する部が決められる。
24　民事部のなかの一つの部。
25　裁判所や相手方が連絡を取る場所。代理人がついている場合には、代理人弁護士が所属する法律事務所の住所・電話番号・弁護士名などが送達場所として記載されている。
26　原告が提起した訴えを撤回する行為。
27　多くの場合、裁判所から電話連絡があるようだ。

弁護士に罰を与えることができないかと書記官にたずねたが、弁護士のそのような行為について裁判所が罰を与えるということはないという答えが返ってきたという。[28]

その後、野上さんが山本弁護士の勤務する事務所を訪ねたことで、事務所は大騒ぎになった。山本弁護士は、すぐに訴え取下げの手続をすませれば他の事務所スタッフには公にならないと考えたのか、自分の失敗を所長弁護士に報告していなかったのだ。野上さんが事務所を訪れた際、山本弁護士は一応謝罪をしたものの態度も表情も落ち着いたものだったという。

野上さんがどれほど驚いたか、どれほど立腹したか、私にはよく理解できる。間違いはだれにでもあるが、間違ったらまず謝罪するのが世間の常識ではないか。自分の失敗を軽いものと思わせるために、「よくあることです」といった山本弁護士の態度については、非難を免れない。

弁護士会に懲戒申立[29]をするつもりだという野上さんを、山本弁護士が勤務する事務所の所長弁護士が説得し、深く謝罪し、なんとか納めてもらったそうだ。

裁判とほど遠いところで生活している一般人と弁護士とでは、「裁判」「被告」「訴え」などという言葉の重みや感じかたに大きな差があることを、弁護士は認識すべきである。

野上さんは最後に、

「弁護士って楽な商売ですね。裁判所で聞いたら、こんなひどい間違いをしても、弁護士に対する罰則はないそうですね。普通の社会だったら大変なことですよ。でも、私は第一に山本さんの態度が許せませんでした。自分の過ちを、よくあることだとか大丈夫だとかいって、謝罪するにしても……、そういうお顔なのかどうか存じませんが、いつもヘラヘラして……、真剣さが感じられませんでした」と所長弁護士に語ったという。

私は、依頼者に取材を試みた。依頼者は、

「まったく無責任な人だね、山本さんは……。紹介者を信じていたから頼んだのに。『よくあることですよ』なんていうんだから、どうしようもないよね……。私たち医者でいえば、本当は右の腎臓を摘出すべき患者なのに左の腎臓を摘出してしまって、『よくあることですよ。もう一個あるから大丈夫』っていうのと一緒だよね。弁護士なんか信用できないもんだね」

と感想を述べていた。

裁判官にちゃんと頼んでおきますからね

以前、私自身が体験した笑い話のような話がある。

私は、弁護士にちょっとした問題について相談をしたいと思ったが、当時は法律事務所に勤務しておらず、友人の紹介で、ある弁護士の事務所を訪ねた。それなりに、やり手だと評判の弁護士だったらしい。

28　弁護士が所属している弁護士会に苦情の申立や懲戒申立をすることは可能。

29　弁護士という身分関係における紀律の維持のために、一定の義務違反に対して制裁を科する制度がある。判断は所属弁護士会と日本弁護士連合会に委ねられているが、弁護士に権利を侵害されたと考えた者がその弁護士について懲戒の申立をすることができる。

現在の私の立場で考えれば、そのやり手弁護士に私が依頼しようとしたことは、あまりにもお金にならない些細な事件[30]だったということがわかる。その弁護士は、親切に話を聞いてくださったのち、

「わかりました。それでは第一段階の手続が終わりましたら連絡をしますので、そうしたらもう一度来てください」

といった。友人に聞いていたところによると、はじめに弁護士に事情を話してすべてを委せてしまえば、あとは弁護士が一番よい方法を考えてくれるので、私はなにもする必要がないということだった。

なぜもう一度弁護士に会わなくてはならないのか、あの弁護士は私が心配していることをどのように解決しようとしているのだろうか、第一段階ってなんだろう……。少し不思議に感じたが、指示されたとおりにするしかなかった。

数週間後に弁護士の秘書から連絡が入り、日時が指定された。

弁護士の事務所に出向くと、前回も入口のカウンターに座っていた若い女性が同じ場所に座っていて、にこやかに笑いながら私に一通の封筒を渡した。

「こんにちは。平野さんが見えたらこれをお渡しするようにいわれています。なかに説明書が入っていますのでよく読んでください。あとは、裁判所の指示どおりに動いてください。それから、書類作成料などの請求書がなかに入っていますので、振込をしておいてください」

私はびっくりした。私自身が裁判所に行かなくてはならないのだろうか。紹介してくれた友人は、委せてしまえばあとはなにもする必要がないといっていたのに……。

「あのぅ……、いま、先生はいらっしゃいますか？　少々うかがいたいことがありまして、お話をしたいのですが……」

その若い女性は、お待ちくださいといってなかに入り、まもなく私を会議室に招き入れてくれた。

「ああ平野さん、書類のことでなにか質問でもあるのかな？」

「いえ……、あの……、私は弁護士さんに頼んでしまえばあとは全部弁護士さんがしてくださって私はなにもする必要がないと聞いていたものですから……、先ほど受付の女性が、なかの書類をよく読んで、その後は裁判所の指示にしたがってくださいとおっしゃったんですが、先生に全部お願いすることはできないのでしょうか。それに、私は裁判にしてくださいとお願いしたつもりではなかったのですが……、話し合いで穏便になんとかできないでしょうかと、前回もお話ししたと思います」

「ああ、話はしてみたんですけどね。ダメですね。裁判にするのがいいですよ。裁判所に訴状は提出しておきましたから、まもなく裁判所から平野さん宛てに連絡があると思います。心配はいりません、簡単な事件ですから。ご自分で裁判所に行けば簡単にできますよ」

「でも、なにも知識がありませんし……、法廷なんて入ったこともありませんし」

「まあ、慣れないかたにとっては怖いですよね。そうか……、どうしようかな。そうだ、私から裁判

30　弁護士にとって、内容が簡単で多額を扱う事件は、すぐに多額の報酬に結びつくので歓迎すべき事件といえるだろう。しかし、面倒な内容で少額を問題にしているような事件は、時間がかかるばかりなので、弁護士はやりたがらないようだ。

官に電話して、平野さんのことよろしくって頼んでおいてあげますよ。だから、平野さんは、とにかく裁判官を信頼して、あとは聞かれたことに正直に答えればいいだけです。難しいことはなにもありませんよ。きょうのうちに、裁判官に電話をしておきますから」

私は、狐につままれたような気持ちで法律事務所をあとにした。

封筒のなかを見ると、表書きとともに東京簡易裁判所の地図や訴状の写しなどが入っていた。訴状には私の依頼した弁護士の名前はどこにも記載されておらず、単に、「原告　平野麻里子」と記されており、預けておいた私の印鑑が押してあった。不安だったが、親しい友人が紹介してくれた弁護士が、

「裁判官に電話をして、平野さんのことよろしくって頼んでおいてあげます」

といった言葉を何度も思い出しながら、やむを得ないので自分でなんとかしようと考えるしかなかった。

第一回期日の当日、私は東京簡易裁判所に出かけた。指定された法廷に入ったあとのことは緊張のあまりよく覚えていないが、名前を書くように指示されたり、印鑑を押すように指示されたり、座る椅子を指示されたり、立ちあがって礼をするように指示されたり、とにかくいわれるとおりに動いていた。

裁判が始まってまもなく、裁判官が私になにかを聞いたが、私はなにを聞かれているのか理解できなかった。裁判官が、私の知らない言葉を使ってなにか話をしている。わからない……。頭のなかが真っ白になった。

「あの……、すみません。私、なにもわからないので、お願いした弁護士の先生にそういったんです

けど……。その先生が、裁判官に電話して、『よろしく』って頼んでおいてあげるっておっしゃるものですから……。○村弁護士から電話がありませんでしたか？」

その場の雰囲気が変わった。みんなが哀れむような目で私を見、失笑が聞こえたようだ。

裁判官は、

「この訴状には、あなたの名前しか書いてないし、あなたの印鑑しか押してないでしょう。確かに素人が書いた文章だとは思えないけど。弁護士が裁判官に電話をして当事者の便宜を図るように頼むなんていうことはありませんよ。ちょっと、この法律構成（法的に論理立てられた説明内容）の仕方について聞きたいんですけどね。困りましたね」

あんなに恥ずかしくて、あんなに困ったことはなかった。それ以降、私の頭のなかに「弁護士＝ペテン師」という構図ができあがり、その構図を確信するにいたり、当分変わることはなかった。

しかし、その後法律を学び現職についたのだから、人生なんてわからないものだ！

検事長になにをいうか！

弁護士のなかに、「ヤメ検」と呼ばれる人たちがいる。検事を辞めて弁護士になった人のことを総称してそう呼ぶらしい。私は、検事の世界をまったく知らないが、上下関係がえらく厳しく、したがって、どの地位に在籍している時点で検事を退職したのかにより、ヤメ検同士で上下関係があり、お互いに口の利き方まで気を遣っているようだ。

かつて、弁護士やその家族のゴルフ旅行に参加させていただいたことがある。私が知っている弁護士とは少し色合いがちがうと感じる弁護士が、かなりの割合で交じっていた。なにがちがうのかよくわからないが、その夫人や家族たちも雰囲気が二つに分かれているように思えた。

なかに一人、何人かの人から「検事長」と呼ばれ、「もう、その呼びかたはやめてよ」と笑いながらいっている男性がいた。私は、刑事事件についてはまったくもって無知で、検事長がどういう立場の人なのかわからなかったし、無論、どの程度の地位なのかも知らなかった。まあ、検事長というぐらいだから、ヤメ検の一味だろうというぐらいは想像できた。その検事長と呼ばれていた男性は、ひょうひょうとしていて、私から見るとアクがなく割と接しやすく感じられた。

しかし、食事のときなど、その周囲の人たちの気遣いには並々ならぬものがあり、話題といえば、検事長時代にどれほど素晴らしい仕事をしたのか、どれほど出世が早かったのかなど私にはさっぱりわからない話ばかりで、本人のことを誉め終わると、次には東大を卒業し現役で司法試験に合格し検事になったという息子に対する称賛が始まった。

検事長と呼ばれていた男性は、何度も、「そんな話はもういいよ」と苦笑していたが、周囲が止めなかった。私は、聞いていていてだんだん眠くなった。

次の日のゴルフの組み合わせはくじ引きだった（らしい）。人数の都合上三人のグループと四人のグループが数組ずつでき、私は、検事長と、もう一人のヤメ検の三人グループでプレーすることになった。

「私、下手なんです。よろしくお願いします」

とあいさつすると、二人ともにこやかに、

「私たちも下手ですから、のんびりやりましょう」

といってくださった。私は、検事長の、なんとなく茫洋としたつかみどころのないようなフワッとした雰囲気が好きだった。決して、怖いとか恐れおおいとか……、そんな感じは受けなかった。

ゴルフプレーが始まった。私はずば抜けて下手だったが、他の二人もそれほど上手なわけではなかった。二人は、東大時代の思い出話や、東大の教授の話、さまざまな検察庁でのできごとなど、とにかく私にはちっともわからないことばかり話しながらゴルフをしていた。

私がいつもゴルフをする仲間は、プレー中に自分自身がプロゴルファーを名乗りふざけてプロトーナメントの実況中継の真似をしてみたり、マナーは悪いが仲間の失敗に手をたたいて喜んだりしている。でも、東大の話を聞きながらのゴルフは、相づちを打つ必要もないので、かえって気を遣わず、それなりに楽しかった。

そのうち、検事長の打ったボールがバンカーに入ってしまった。それも、バンカーとラフの境目のあたりで、非常に打ちにくい位置にあった。その日のルールは、六インチリプレース[31]だった。検事長は、ニコニコして自分のボールのところまで歩いていき、

「きょうは六インチリプレースでしたよね。助かったなあ。こんな位置じゃ打てないからねえ。動かしますよ」

といったかと思うと、バンカーとラフとの境目あたりにあった自分のボールを持ち、ラフの打ちやすそうなところに出した。私は、とっさに、

31　ボールがフェアウェイにあるときにかぎって、六インチ以内ならボールを動かしてもいいというルール。

「アーッ、ずるーい！　そんなところでそんなことしちゃいけないんだもん！」

と、いつもの調子で笑いながらいってしまった。その途端、もう一方のヤメ検が、

「検事長に向かってなにをいうんですか。検事長、お気になさらないでください。どうぞプレーを続けてください」

といい、私をちょこっと睨んだ。検事長は、

「ああそう……。私は初心者でルールを全然知らなくてね。六インチ以内ならどこでも動かしていいのかと思っていましたよ。こういうときは動かしちゃいけないんですね」

と、私の方を向いてニコニコした。もう一方のヤメ検は、

「いえいえ、検事長。さあ、どうぞプレーを続けてください」

といったので、もちろん、私はそれ以上なにもいわなかったし、不快にも感じなかった。もともと私のゴルフにスコアは関係なく、楽しみながら緑のなかを歩き回ることができればそれでいいのだから。


不思議なゴルフだったが、皮肉でもなんでもなく興味深く楽しいゴルフだった。

あとになって、伊武木弁護士に聞いたところ、検事長というのは高等検察庁のトップの地位に就いている人のことで、検事の世界では「大変偉いかた」だそうで、検事も、ヤメ検も、元検事長に気易く口をきくことなど気が引けるだろうとのことだった。しかし、私にとっては、偉い人でも恐い人でもなく、茫洋とした感じのいい男性だった。でも、さすがに、

「アーッ、ずるーい！　そんなところでそんなことしちゃいけないんだもん！」

は、まずかったかなあ……。

物事を知らないというのは恐ろしい。

CM

ついでなので、わが事務所の新人弁護士を簡単に紹介したいと思う。

私は、彼が大学生のころから知っている。伊武木弁護士と一緒に某私立大学法学部で名誉毀損のゼミを担当したことがあったが、彼はそのときのゼミ長だった。細やかに気が回る人で、学問はもちろんのこと、人を喜ばせることが大好き。また気の毒な人を見ると放っておけない性格を持ち合わせている。気は優しくて力持ちという言葉にぴったりの人だ。

伊武木弁護士も私も、彼が大学生のときから、いまどきこんなに素晴らしい青年が存在するということ自体に驚きをもって眺めていた。

伊武木弁護士はかねてより、彼が司法試験に合格したら採用すると約束しており、それが実現した。

ここまで、お世辞でもなんでもなく事実である。

しかし、一緒に仕事をしてみるといろいろな部分が見えてきておもしろい。

彼に、好きな女性のタイプを聞いてみたところ、

「そうですね……。茶髪の女性は遊び人ですからきらいです。それから、クラブ（紳士が遊ぶナイトクラブではなく、若者が集うクラブ）に行ったことがあるような女性もちょっと……。あと、結婚したら

専業主婦が絶対条件で、料理を作って私の帰りを待っていてくれるような女性が……、特に煮物ができる人がいいですねぇ」

おい、おい、おい……、ちょっと待てよ。いぶき法律事務所の女性職員は全員茶髪である。

「じゃあ、私たちみたいな女性はいやなの？」

と問うたところ、

「はい、結婚相手としてはダメです。でも、平野さんの場合は茶髪でもよろしいかと思います。えっ、理由ですか？　だって白髪を染めていらっしゃるんですよね……」

なにーっ！　そんなこと女性に向かっていっちゃあダメじゃない！　白髪を染めているなら茶髪でもいいって、「お年寄りをいたわりましょう」みたいではないか……。

「それから、真面目な人がいいです。ええっ、平野さんは彼氏じゃない人と映画観たりするんですか。私なんか、二人だけで映画を観たりカラオケに行ったりしたら、もう結婚を考えなくてはと思いますね。えっ、伊武木先生は女性依頼者と二人きりで食事をしたことがある？　それはまずいですよ。依頼者のかたが既婚者でしたら、弁護士倫理にも違反しますし……」

ハアーッ……、深いため息。伊武木弁護士も私も、彼の長所を間違いなく見てはいたのだが……。

最初の課題は、彼を人間としてどう揉みほぐすかということだ。もう少し柔らかい部分を持っていないと、男女間の感情の機微や相続をめぐるドロドロした人間関係などを理解することができないのではないだろうか。

ちなみに、彼は手品が上手だ。これあげましょうか……、といわれて手を出すとそこにあったはずのものがほかのものに変わっていたりする。だから、もしかしたらジキルとハイドのように、彼は裏の裏あたりに、私が知らないもう一つの顔を持っているのかもしれない。残念ながら、日が浅く、これ以上のことがわからない。

しかし、持ち前の正義感、土曜・日曜も事務所に出て伊武木弁護士に指示された仕事の期限は必ず守る誠実さ、旺盛な好奇心……、伊武木弁護士に肩を並べるほどの弁護士に成長してほしいと期待している。

Ⅲ　依頼者

依頼者こそ本当にさまざまな人がいる。事件に関わっているときに扱いにくいなあと感じた人との縁がずっと続くこともあるし、その逆もある。依頼された事件の種類によって、依頼者のタイプが似ていたりする。また、知人の紹介の場合、多くの依頼者は紹介者と社会的立場が同等だったり、価値観が似ていたり、なんらかの一致点を持っているようだ。

必死に努力しても理解してもらえないこともあるし、心から感謝してもらえることもある。依頼者と表面だけではない信頼関係を築くことは重要だが、大変難しい。

私をマインドコントロールしていたんですね

伊武木弁護士は、依頼者に対して依頼事項以外のことであったとしても、依頼者が喜ぶであろうと思われることならできるかぎりのことをしてあげなさいと、いつも私に話をする。

伊武木弁護士の友人の紹介で、前島エミ子さんという女性の相談に乗ってあげてほしいといわれた。前島さんは、当時八五歳。帽子をかぶり、大きなサングラスをかけ、ひらひらした飾りがついた服を着て、五十歳代の男性に付き添われて事務所に現れた。

はじめはなんの相談に来たのかよくわからなかったが、よくよく聞いてみると、独身のころ埼玉に購入した土地を、宣伝費六〇万円を先払いすることを条件に、一二〇〇万円で売却してあげるという業者の言を信じ六〇万円を支払ったが、その後なんの音沙汰もないという。いろいろと手を尽くしたがその六〇万円はもどらず、一二〇〇万円で売却を約束してくれたというその土地を調査したところ、崩れそうな崖っぷちに位置しており、交通手段といえば、一日六便しかないバスで最寄り駅まで一時間もかかり、たとえ百万円だとしても買い手はつきそうもないような土地だった。

前島さんは、六〇歳を過ぎるまで独身で、その後、子どもが四人いる男性の後妻になった。しかし、その子どもらとは養子縁組をしておらず疎遠な状態、夫は認知症で入院中だという。気の毒だとは思ったが、結局六〇万円はもどらず、土地の売却を試みたが買い手はつかなかった。

お役に立てず申し訳ありませんでしたと詫びて、その件は終わった。

それから一年ほど経ったころ、前島さんから私宛てに電話が入った。

「お久しぶりでございます。わたくし、いま、溜池病院に入院しておりまして、あさって退院するんですの。それでね、あなたさまにちょっとお願いがございまして……」

前島さんの入院している病院がたまたま事務所の近くだったことから、前島さんに乞われるまま病院に行ったことで、私がそれまで経験したことがないほどのゴタゴタに巻き込まれることになった。歩行中に転んで救急車で病院に担ぎ込まれ入院したという前島さんが、なぜ私の名刺だけを持っていたのか、不思議ではある。

前島さんが退院するという日、前島さんに頼まれた時間に溜池病院に出向くと、前島さんの夫の長女だと名乗る上品な女性と出会った。私がその日、溜池病院に出向いたのは、前島さんから、他の病院に転院するのだが、付き添ってくれる人がいないので付き添ってほしいと頼まれたためだった。しかし、長女は、前島さんの転院に付き添うつもりで出向いてきたと話していた。私の目から見ると、長女は堅実そうで、常識的であり、感じがよく、前島さんのことをそれなりに心配しているように見えた。しかし、前島さんは徹底的に長女を拒否しており、私の顔を見るなり、長女に向かって、

「わたくしは、今後、このかたにすべてお願いしますので、あなたは帰っていただいてけっこうよ」

と高飛車にいってのけた。なぜ私が今後面倒をみることになったのか、そんな約束をした覚えはないと驚いたが、とにかく前島さんは、そう言い切って長女を追い返してしまったのだ。

その後、私は長女と連絡を取り合いながら、二人三脚で前島さんの面倒をみる羽目になった。決して望んだわけではないし、私はいつも自慢話ばかりする前島さんを好きになれなかったが、気の毒だという気持ちが働き、伊武木弁護士がいつも「だれにでも、できるかぎり親切にしてあげなさい」といっているのを思い出しながら、伊武木弁護士に報告しつつ、無償でできるかぎりのことをしていた。

エミ子さんは溜池病院を退院して以降、再び自宅に帰ることはなく、老人保健施設やグループホームなどを転々とすることになった。

それから二、三年経ち、前島さんの夫が亡くなって相続が開始した。いまになって考えてみれば、相続に関してはなんの相談も受けなければよかったのだと思う。しかし、前島さんの夫が指定した遺言執行者[32]である某信託銀行の手数料があまりにも高額だったため、長女ら相続人は、某信託銀行を遺言執行者から解任し、伊武木弁護士に相続の件を委任した。前島さんの夫の遺言は、唯一の財産である不動産を売却して、その代金を法定相続分どおりに分割してほしいというものだった。

ときは、リーマンショックの直後……。土地の暴落が始まっており、伊武木弁護士は不動産を早めに売り抜けたいと考えていた。しかし、長女らきょうだいの思惑は異なっていたようで、幼いころからの思い出が詰まった実家が売却されてしまうことに深い悲しみを感じ、また、少しでも高額で売却したいという意思が強かったようだ。

弁護士がなぜ売り急いでいるのか、長女らに対する説明が足りなかったのは、私の不徳のいたすかぎりだと深く反省している。とにかく、「少しでも早く」という弁護士の思惑と、「ゆっくりでもいいので少しでも高額で」という依頼者の思惑を、互いが理解しないまま手続が推移し、長女らが弁護士や私に強い不信感を覚えるようになったようだ。

私は、長女らきょうだいに全幅《ぜんぷく》の信頼をおかれていると自惚《うぬぼ》れていた。それまで長いこと、ともにエミ子さんの面倒をみてきた過程で、長女とは充分に意思の疎通が図られていると信じていた。

しかし、ある日長女から電話が入り、心臓が凍りつきそうなことをいわれた。

「平野さんは私をマインドコントロールしていたんですね……。親切すぎるからおかしいとは思っていましたが……。平野さんはまず私の信用を得て、次に私の口からきょうだいに『平野さんは信用できる人だから平野さんに委せよう』といわせるよう仕向けて……。伊武木先生とグルになって、父の不動産を売却するときに中間でお金をだましとろうとしていたんですね」

私はびっくりして、

「なにをおっしゃっているんですか？　なにを根拠にそんなことをおっしゃるんでしょうか？　第一、どうやったらお金をだましとれるんですか？」

「どんな手段か私にはわかりませんが。私たちがわけのわからないうちに急いで売却して、お金をどうにかしようとしているのではないんですか？」

私はこれほどひどい言葉を吐かれた経験はなく、電話を切ってからしばらく放心状態になった。『広辞苑』に手を伸ばし、「マインドコントロール」の意味を調べた。そこには、「催眠などによって個人や集団を被暗示性の高い状態に導き、暗示によって特異な記憶や思考を生じさせて操ること」とあった。

私は、長年仕事を続けてきて、能力不足・知識不足・説明不足などにつき叱責を受けたことはあったが、こんなに屈辱的なことをいわれたのははじめてだった。心のなかを突風と雷が突き抜け、私自

32　遺言の内容にしたがい、その実行のための職務をおこなう者。弁護士・信託銀行などが遺言執行者として指定されることが多い。

身の核の部分が崩壊してしまったかのように感じた。

伊武木弁護士は笑い飛ばした。

「ずいぶん失礼な人たちだねえ。今度電話してきたら……、そんなことしたらとっくに懲戒処分になって弁護士なんか続けていられませんっていっておいてね」

私が、エミ子さんに尽くしていた長女の姿を見て力になりたいと考え、与えられた仕事の範囲を越え、余計なことまでしたために「親切すぎるからおかしい」と思われたのだろうか。伊武木弁護士がいうように、「依頼事項以外のことであったとしても、依頼者が喜ぶであろうと思われることならできるかぎりのことをしてあげる」ことは実に難しい。結局誤解は解け、長女らから詫び状やお礼が届いたが、「マインドコントロール」という言葉は私の脳裏から消えない。

相続手続が終了したあと、前島エミ子さんの強い希望で、老人ホームで暮らすエミ子さんの面倒はもっぱら私が見ることになってしまった。[33] 法定相続人に連絡をしたが、

「あの人はわがままなので面倒を見るのはまっぴらゴメンです。あっ、でも亡くなったら知らせてください。相続の権利はあるはずですから……」

と、そっけなかった。

老人ホームから、私宛てにさまざまな問い合わせが来る。エミ子さんは、当然のように私に用事を頼み続け、私は新しく購入した前島さんの持ち物に名前を書き続けている。

マインドコントロールどころではない。どうしてこうなっちゃったんだろう！

うちの子、小学校に入ったよ!

「丸山でーす。平野さん、元気? あのさあ、したの子、小学校に入学したよ。だからさあ連絡したんだ……。今度会いに行くね……。なかなか借金返せなくてごめんね。うん、うん、お父さんもね、真面目に働いているんだけどさあ、不景気だから大変なんだよね。えっ……、弟? うん、いまは元気にしてるよ。でも一人じゃ仕事行けないから、いつもお父さんが連れて回って仕事手伝わせてる……。お母さんも近所のスーパーでパートしてるんだけど、年とってきたから月に二～三万かなあ……。お父さんには、いつもいっているんだよ……、伊武木先生にお金返さなきゃいけないよって、先生は命の恩人だよって……。先生によろしく、それからゴメンねっていっておいてね。なるべく早く返すからって……」

忘れたころに、しかし途絶えることなく電話をしてくる女性がいる。友だちに話すような口調で近況報告をし、いつも最後には、

「ゴメンね……。お金は返すから……、伊武木先生によろしく」

33 エミ子さんは、受け取った相続財産を使って豪華な有料老人ホームに入居した。その際、身元引受人と連帯保証人が必要だったが、エミ子さんは、どうしても私に頼みたいと懇願し、ほかの人ではいやだと拒否し、なによりだれも引き受ける人がいなかったため、やむなく私が引き受ける羽目になった。そのことを知った私の母は、私をこっぴどく叱った。まあ仕方ないかなあと思いながらも、九〇歳を越えてもなおますます元気で、老人ホームの食事に飽きると出前を取るというエミ子さんを見ていると、いろいろな意味で最後まで面倒を見られるのだろうかと心配になることもある。

を繰り返す。

彼女たち家族と知り合ったのは七、八年ぐらい前だったろうか。ある提携弁護士[34]が死亡したが、その弁護士が受任している依頼者のうち債務整理が終了していない多重債務者が数百人にのぼっていたため、そのうち数人の債務整理を無償で引き受けてほしいと弁護士会から依頼があり、伊武木弁護士が一組の母娘の債務整理を引き受けた。

母娘がはじめて事務所に来たとき、泣きぐずる小さな女の子を連れ着ぶくれした娘のお腹は大きくせり出していて、いまにも次の子どもが産まれそうだった。

二人は、生活苦を理由にサラ金から借金を重ねていたが、ある日、

「サラ金に顔の利く△山弁護士を紹介するので、△山弁護士に債務をまとめてもらい、△山弁護士の口座に少しずつ返していくという方法をとれば返済が簡単になる」

と、大手サラ金の担当者に勧められ、△山弁護士を紹介されたという。

二人は、△山弁護士にいわれたとおり、各自毎月二万円ずつ△山弁護士の口座に振り込んでいた。

二人は、弁護士会で作成してもらったという債務返済表を持っており、それによると各サラ金との和解は成立していた。しかし、二人が△山弁護士の口座に振り込んでいたお金は、まず弁護士報酬に振り当てられ、その支払いが終了してからサラ金の返済が始まっていた。

伊武木弁護士は私に、今後各自毎月二万円を各社に振り分けて返済するとして、各債権者への残債務額を念頭に、もっとも効率がよい返済案を作成するよう指示をした。

私が作業を進めている間、伊武木弁護士は、△山弁護士のことをたずねていた。二人は△山弁護士に会ったことはないらしい。事務所にはたくさんの男性事務員がいて、小部屋に通され、男性事務員の一人が対応したという。二回、事務所に出向いたことがあるが、唯一の女性事務員は、ジーンズにTシャツというラフな服装で、紙コップに入れたコーヒーを出してくれたと娘は話していた。

債務返済案はすぐにできあがったが、私は、母娘に返済案を見せながら、これから伊武木弁護士がサラ金業者と再和解[35]の交渉をするので、返済額や期間が確定するまでに少し時間が必要なことを告げた。

「私がさあ、△山先生ってどの人ですかって聞いたらさあ……、担当の男の人が、先生の部屋はうえの階にありますっていうんだよ。男の事務員ばかし一〇人ぐらいいたかなあ。なんかさあ、怖い感じの男たちだったよ」

と、お腹のせり出した娘がいった。

伊武木弁護士は、一家の収支を聞いて書き出し、家計に関するアドバイスをするよう私に求めた。

私が、タバコ代のことを話題にして、

「一家全員で禁煙をすれば、毎月あと一万円ぐらい多く返済に回せるし、健康にもいいでしょうね。

34　たくさんの事務員（なかにはサラ金から派遣されたような事務員）を使い、ほとんど多重債務者の債務返済のみを扱い、サラ金と結託してサラ金と弁護士自身の都合を考えて事件処理しているような弁護士。事務員が流れ作業のように仕事をこなすので、一人の弁護士が何百件もの事件を抱えていたりする。

35　これまでの和解案を白紙にもどし、伊武木弁護士とサラ金との間で、条件変更などを含めた新たな和解をすること。

続柄	氏名	年齢	職業	月収	総債務額
父	丸山孝治	58	鳶職人	約10万〜15万円	約400万円
母	丸山恵子	55	パート	約7万円	債務整理中
長女	丸山ちえ	26	無職／妊娠八カ月	無収入	債務整理中
長男	丸山茂	24	鳶職人見習い	約5万〜8万円	約200万円
長女の夫	丸山昌夫	29	トラック運転手	約20万円	約220万円
長女の長女	丸山さち	2			

それから……、お子さんの紙おむつを布製にするとか……」

といったところ、娘はすぐに、

「そうだね、子どもにもタバコはよくないからね。みんなで禁煙して、二人で毎月五万円は返せるようにするよ。でも……、布製の紙おむつってなに？」

といった。どうやら、布製のおむつを洗濯して使うこともできるということを知らなかったようだ。

母娘の債務整理に関する再和解はまもなく完了し、返済が始まった。

しかし、いぶき法律事務所と丸山母娘の縁は切れなかった。当時の丸山一家の家族構成は表のとおりである。

ちえさんの父・孝治氏は鳶を職業としているが、天候の関係で収入が安定せず、悪い月には家賃さえ支払えないことがあるということだった。また、腕はよいがケンカっ早く、親方とケンカをして仕事をもらえなくなるような事態を何度も引き起こしている。しかし、懲りずに同じようなことを繰り返しているらしい。小柄で酒焼けしたような顔、気が小さそうに見える。

ちえさんの母・恵子さんは、夜遅くから、居酒屋で皿洗いのパートをし、朝方帰宅する。

ちえさんの夫である昌夫氏は再婚で、前妻との間に二人の子がある。昌夫氏は前妻と婚姻中に多重債務を負い自己破産をした。しかし、婿養子になることで姓を変え、サラ金からの借入を繰り返し、再び多重債務者となった。昌夫氏に会ったことはない。

ちえさんの弟・茂氏は、高校卒業と同時に父について鳶修行を始めたが、二〇歳を過ぎたころ統合失調症を発病し、症状がひどいときは仕事ができないだけでなく看病が必要である。また、治療費が家計を圧迫している。

これら大変な家族全員の総指揮官が長女ちえさん。底抜けに明るくがんばり屋だ。

結局、伊武木弁護士はなりゆきから、父・孝治氏と長男・茂氏の自己破産手続を引き受け、孝治氏の二人の弟の自己破産手続も引き受け、ちえさんの夫が無断でちえさんを連帯保証人として借入をしたヤミ金のちえさんに対する取立をやめさせ、ちえさんの離婚の相談にのって養育費に関する和解書を作成した。すべて無償であり、実費すら受け取っていない。

さらに、孝治氏が自己破産手続をしたときのこと……、自己破産は、自分の持っている財産をすべて換価（お金に換えること）し返済に回したとしても返済不可能な人に再出発のチャンスを与えるための制度であるので、手元にある財産を手放して返済に回すというのが大原則である。そこで、父・孝治氏は、三五万円程度のローンが残った自動車まで手放さなくてはならなくなった。

しかし、孝治氏が鳶道具を積んで仕事に出かけるための自動車を失ったら、破産と免責[36]の手続完了によって債務から逃れられたとしても、鳶職は続けられなくなり解決にはつながらない。そこで、孝治氏名義の自動車を娘であるちえさんに譲渡した形をとり、孝治氏が破産後も鳶職を続けられるよう、自動車のローン残である三五万円は、伊武木弁護士が個人的に立て替えてちえさんに渡した。

要するに、伊武木弁護士は、さまざまな手続を無償でおこなっただけでなく、現金三五万円を依頼者の自立支援のために差し出したのである。曰く、「そうする以外に方法はないでしょ……？」

ちえさんは、

「三五万円もいいの？　破産手続が終わったら最初の給料で返すね」

と話していたが、伊武木弁護士は、返ってこないお金だと承知していた。

それからも、ちえさんからはたびたび電話があり、雑談とも思える話のなかには簡単な相談が混ざっていることもあった。

「旦那の暴力がひどくてさあ、離婚しようと思っているんだ」

「あのさあ、別れた旦那がいなくなってさあ……、養育費払ってくれないんだよ」

「三カ月も家賃が滞納して……、今月末には二カ月分必ず払えるからっていったんだけど、大家さんがとにかく出てってくれっていうんだよね。どうすればいいのかなあ」

「あのさあ、したの子の手が少し離れたんで、私、夜の仕事を始めたんだ！　おかあさんが居酒屋のパートを辞めて昼間の仕事になったんで、おかあさんに子どもを頼んで、私は夜働いているんだ！

うん？　なんていうのかなあ……、キャバクラ？」

「キャバクラは辞めたよ……。もう何カ月も前……、いまはおかあさんと同じスーパーで時間をずらして働いてる」

「また、裁判所から支払督促とかっていうのが来ちゃったよ……」

とにかく、彼女は二十代からさまざまな問題を抱えた一家の総指揮官として、なにがあっても力強く生きている。ちえさんがどう変わったか一度会ってみたいものだ。今度、電話があったら誘ってみよう。

高齢化の波が

高齢化の波が法律事務所にも押し寄せている、と感じるできごとがあった。一人住まいのお年寄りの孤独死が問題になっているが、紛争のなかに身を置いた高齢者が一人で問題を解決するのもなかなか大変そうだ。

七五歳を少し過ぎたかつての依頼者から、同級生だったという島田さんという女性を紹介された。島田さんは、古い貸家に一人で住んでいるが、建物明け渡しの訴訟を起こされたということで、慌てふためいて、いぶき法律事務所に駆け込んできた。

伊武木弁護士と私が対応した。島田さんは、非常に上品な雰囲気を持つ女性で、美しい日本語で話を始めた。しかし、どうも話が本筋から逸《そ》れてしまう。質問をしても、的を射た答が返ってこず、な

36 ギャンブルなどの浪費によって破産にいたったのではなく、それなりの理由があると認められた場合、債務返済の責任が免除される。責任が免除された状態のこと。

んとなくぎこちない会話が続いた。

　訴状を見せてもらったところ、島田さんは、賃借している家屋の朽廃《きゅうはい》[37]を理由に明け渡しを求められており、十年ほど前にも一度裁判を起こされたことがあったようだ。十年ほど前の裁判も、同じく朽廃を理由として、八百万円の給付と引き換えに明け渡しを求められたものだったが、原告の請求は棄却[38]された。

　島田さんが賃借している家屋は築八〇年が経過した木造平家建の建物である。

　島田さんにたずねてみた。

「大家さんは、いま、島田さんが借りていらっしゃる家屋は壊れかかっているとおっしゃっていますが、生活していてなにか不便な点がありますか?」

「ええ、もうそりゃあ不便なところだらけでして……。一〇年以上前から雨漏りが激しくて家具は全部腐ってしまいましたわ……。床も腐って抜けておりますし、畳も夜具も着物も全部ダメになりました。大家さんに修繕をお願いしましたが、もう柱も腐りかかっていて、地震が来たら危険なので出ていってほしいって、そんなことばかりおっしゃるんですの」

「島田さんは、どうしてその借家から引越をしたくないんですか?」

「なぜって……、わたくし……、引越をしたくないなんて一度もいっていないんですのよ……。もう二年以上前に、お引越をしますってお約束したんですもの。でもそのためにはまず行き先を決めないとなりませんでしょ。もう年齢《とし》をとっていますので、何度もお引越はできませんし……。これから一生暮らすとなりますと、慎重に決めなくてはなりませんので、なかなか決まらないうちに時間が経ってしまいましてね……。そしたら、なんだか急に裁判を起こされまして、本当に驚いていいるんですの。なにを考えていらっしゃるんでしょう」

伊武木弁護士と私は、顔を見合わせた。

「二年以上前に明け渡しをするって約束をしたんですか？　いつまでに明け渡すって約束をしたんですか？」

「いつって……、なるべく早くしたいとは思っているんですのよ……。だって、雨が降るたびに家のなかにザーザーと水が流れてきて、その水をかき出すのに、それはそれは大変ですから」

「では、引越先が決まりさえすれば、いつでも引き渡せるということですね」

「ええ、そうなんです……。どこかいいところありますかしら……」

「それで……、引越先の条件は？」

「わたくしね、その条件を決められないんですのよ……。これから先のことを考えますとね、福祉が充実している自治体でないといけないと思いましたり、きょうだいが住んでいる近くがいいかしらと思ってみたりもしますし……、でも、どうなんでしょうね……。きょうだいのあまり近くですとかえって気を遣いますかしら……」

「まあ、それはご自身がお決めになることだと思いますが。裁判を起こされた以上、島田さんの希望

37　家屋が老朽化し、使用に耐えない程度に朽ち果てている状態。
38　原告の主張について、裁判所が「理由なし」と判断して申立を退けること。原告の負け。

を確認しておく必要があるのでうかがいますが……、明け渡すこと自体に異存はないと……。では、立退料の問題ですか?」

伊武木弁護士が、立退料という言葉を口に出した途端、島田さんの表情がパッと明るくなり、声のトーンがあがり、目がいきいきと輝いた。

「ええ、そうなんですのよ。それが問題なんです。わたくし、いくつまで生きるかわかりませんが、いまは医療が進歩しておりまして、まだまだ長生きしてしまうかもしれませんでしょ……。あまりみじめな生活もしたくありませんし……、お金はいくらあってもあり過ぎっていうことはないと思うんですの……。多ければ多いほど……」

「そうですねぇ……。でも一〇年前の裁判で大家さんが払うとおっしゃった金額が八百万円でしたよね。いまは不動産相場が下落していますから、半額もしくはそれ以下でしょうかねぇ」

「……」

伊武木弁護士が金額の話をしたとき、島田さんの目つきが少し虚ろになったと感じたのは、私の気のせいだろうか。島田さんは、

「とにかく、わたくしはいまの家から出ていくことは決めておりますので、先生のお力で、わたくしの希望に添えるように取りはからっていただきたいと思っておりますのよ……」

エーッ、どうしよう。「わたくしの希望」っていわれても、肝心な「わたくしの希望」の内容がわからないのに……。

その後、伊武木弁護士と私の二人で、島田さんが借りている家を見にいったが、玄関のドアを開け

た途端、少し奥の方に青い空が見えた。台所の梁は斜めに崩れ落ちている。私は、家のなかを歩いていて、子どものころ遊んだジャングルジムを思い出した。島田さんは、家を明け渡すこと自体に異存はないとのことだったが、裁判では、家屋の朽廃について争った[39]。しかし、原告は、

「島田さんは二年以上前に建物明け渡しをすると約束し、その条件について調整していたが、結論が出ないので裁判にした。これ以上待てないので、朽廃についての鑑定と本人尋問をおこない、早く判決を出してほしい」

と主張した。島田さんが問題にしているのは立退料の額だということは確認ずみで、島田さんは早期の解決を希望していたので、三回目の期日から弁論準備手続で、もっぱら立退料の額について調整に入ることになった。

伊武木弁護士は、立退料の調整に入るので、次回期日からは、島田さんに同席してほしい旨を電話で依頼した。

「どうして、わたくし自身が、参らなくてはなりませんのかしら?」

「あとは、立退料の額の調整だけなので、ご本人が立ち合ってくだされば、その場で微調整ができますし……」

39　朽廃していることを認めたら、賃貸借契約により立ち退きをしなくてはならなくなるため、「老朽化はしているが朽廃にはいたっていない」と主張した。

「わたくし、その場で判断なんかしましたら後悔しますので困りますわ……。そのためにプロにお願いしたんですから……」

どうしても裁判所には行きたくないという島田さんの意思を確認[40]するため、一度事務所に来てもらうことになった。島田さんは、事務所にやってくると、目を輝かせて話し始めた。

「わたくしね、いままで、あんな不自由な生活を送っておりましたでしょ。ですから、今度はどんなところに住もうかしらといろいろ考えておりますのよ……。別に、東京にこだわらなくてもよろしいかしらと思ってみたりしましてね……。いまは交通の便もよくなっておりますので、軽井沢なんかもいいかしら、なんて考えたりもしましてね……」

「そうですか……。ところで立退料はどのくらいを考えていらっしゃるんですか」

はじめて島田さんと話をした際、伊武木弁護士が、「一〇年前に原告が支払うと述べていた八百万円の半分程度かそれ以下……」と伝えてあったので、島田さんはその範囲で考えているとばかり思っていた。しかし、島田さんは前回と同じく、

「わたくし、これから何年生きるかわかりませんでしょ。ですから、多ければ多いほどいいと思っていますのよ。あまり少ない額ですと、途中でお金が足りなくなったらって不安ですし……、具体的にっておっしゃいましても……、そうですわね……、三千万円ぐらいでしょうか……」

伊武木弁護士も私も椅子から転げ落ちそうになった。

「三千万円ですか……。うーん、それはかなり難しいと思いますが……」

「ええ、わたくしも難しいとは思いますのよ。でも、いろいろなお友だちに聞いてみたんですが、

三千万円ぐらいないと先行きが不安ですわねって……、それに、和解っていうのは、お互いに金額を提示しあって、だんだん歩み寄っていくシステムでございましょう……。最初はぜひ、三千万円っておっしゃってくださいませ……」

三回目の期日で、伊武木弁護士は、建物は朽廃していないという前提で法律構成をし、立退料三千万円を主張し始めたが、途中で裁判官にさえぎられた。

「被告代理人……。そんな主張が通るはずがないことぐらいおわかりですよね。そんなことを主張するなら、和解はやめて弁論にもどし[41]、本人尋問をして結審[42]しましょう。こういう例の場合、和解で解決するとなれば、せいぜい賃料の一年分か二年分、つまり百万か二百万がいいところですよ……」

「ちょっと、待ってください……。もう一回、被告を説得してみます」

結局、その後、数回の和解期日が開かれ、五百万円で和解できそうになった。伊武木弁護士は、粘りに粘ったのだ。しかし、肝心の明け渡し時期について、伊武木弁護士が何度必死に説明し、説得しても、島田さんは最後まで、

40　和解で金額を決めるためには当事者の希望を確認する必要がある。仮に、裁判所の手続に島田さんが同席してくれれば、その場で島田さんの意思を確認しながら、細かな調整ができるので、本来なら、このような場合は本人に同席してもらうのが好ましい。

41　お互いの譲歩で和解ができない場合には、通常の裁判手続にもどす以外方法がない。この事件では、すでに朽廃に関する鑑定書が提出されていたので、仮に通常の裁判手続にもどれば、すぐに本人尋問をおこなうことになったと思われる。

42　裁判の最終段階までの手続を終了すること。あとは、裁判官が判決を書くのを待つのみ。

「わたくし、いつまでなんて、そんなお約束できませんわ……、二年以上も前に引越をしますってお約束をして、引越先を探しておりますのに、まだいい場所がみつかりませんでしょう……。ですから、いつまでにというお約束はできませんの……、とりあえず五百万円をいただいて、それから探してみます……。どうしてそれじゃあいけませんの？」

暖簾《のれん》に腕押しとは、こういうことをいうのだろうか。

伊武木弁護士は、「この事件は、天がぼくに与えた試練だろうか……」とつぶやきながら、毎日のように、明け渡しの期限を区切らない和解はあり得ないということを島田さんに理解してもらおうと努力を続けていた。しかし、島田さんを納得させられずついに困り果て疲れ果て、島田さんの事件を辞任した[43]。私が、伊武木弁護士のもとで働き始めて以降、伊武木弁護士がどうにも手をつけられなくなり、辞任という方法を取らざるを得なくなったのは二件目だった。

その後、伊武木弁護士と私は、島田さんを紹介してくださった、かつての依頼者に謝罪をするため、出向いた。「せっかく、島田さんをご紹介いただきましたのに、お顔をつぶすようなことをして申し訳ありません」と謝った伊武木弁護士に、紹介者が放った言葉を聞いて、私たちは再び椅子から転げ落ちそうになった。

「島田さんから、何度かお電話いただきましたんですけれどね……。なんですか、はじめのうちは、伊武木先生がお忙しくてずっとお目にかかることができず、平野さんがお話を聞いて対応してくださっているけれど、平野さんは弁護士じゃないのに、あんなことしていいのかしらって……。それから、一〇年ぐらい前に起こされた裁判で、大家さんが八百万円払うとおっしゃったことを、伊武木先生はずっと内緒にしていらしたって……。伊武木先生が、そんなにお忙しいのでしたら、お断りいただいてもかまいませんでしたのに……」

「エーッ、そんなことありませんよ。私が最初から話を聞いて、二回目の裁判期日は若い弁護士が一人で出廷しましたが、それ以外はすべて私が対応していますよ。それに、私は平野と一緒に島田さんの家を見に行ったりもしているんですよ。そういう話はしていませんでしたか？　平野が一人で対応するなんてことありえません。ああ……、そうそう、男性には話しにくいことがあるって、一回だけ平野さんが一人で話を聞いたことがあったね……。うん、うん、そうだ。でも、その話の内容は裁判とまったく関係のないことで、なぜそのようなことを、島田さんがわざわざ平野にお話になったのか理解に苦しむところでして……」

島田さんの言動で、伊武木弁護士も私も、「あれっ⁉　もしかして……⁉　ちょっとおかしい……」と感じることがときどきあり、どなたか身内のしっかりしたかたに一緒に考えていただけたらと希望していた。そして何度か、「ごきょうだいなど、身内のかたも同席のうえ、もう一度考えてみませんか」と促してみたが、島田さんは厳しい表情を見せ、「これは、わたくし自身の問題です。どうして先生はわたくしのきょうだいを裁判に巻き込もうとするのでしょうか？　わたくしは、自分のことぐらい自分で決められます」と言い切って、強い拒否反応を見せた。

43　弁護士が事件当事者の代理人を引き受けたのちに、代理人を辞退すること。

認知症だとはっきりわかる人はまだいい。これから、このような依頼者が増えるのかもしれない。

蛇足

私自身のことを少々。

私は好奇心が旺盛で、「これは！」という獲物を見付けるとすぐに熱中し集中する。しかし、とりあえず目標を達成した時点で冷めてしまう。つまり飽きっぽい。

理系大学を卒業後、専攻とはまったく関係のない仕事やたくさんのアルバイトをし、さまざま職種・肩書き・年齢の人々に出会った。たくさんのアルバイトを経験したのは、私の熱しやすく冷めやすい性格とお金をより多く得たいと思ったからにほかならないが、専攻と関係ない仕事ばかりを経験したのは、理系大学在学中ほとんど勉強をせず、専攻したはずの学問を活かしたくてもそれができなかったためである。

仕事への取り組みは、なにせ獲物獲得までは必死なので、時間かまわず働く。最近は、年齢《とし》のせいで無理ができなくなったが、仕事を覚えるために三カ月間休みなく始発電車で通勤したこともあるし、数年前の暮れから正月にかけては、なんとか論文を仕上げたいと考え事務所に毛布を持ち込んで年を越した。しかし、はじめからそういう性格だったわけではないようだ。私がはじめて就職した会社で何日目かに、社長が、

「人間には一流人間から三流人間までいるが、君のような人を三流人間というんだねえ……」

と溜息をついたのを聞き、私は深い眠りから覚めた。一晩、「三流人間」の意味を考えた末、やっ

ぱりこれではまずいのではないかという結論に達し、三流から脱出しようと必死にもがいた。

学生時代は、いつもボーッとしていて競争心がなく、三流であろうがなかろうが興味もなく、世間に出て普通の人と肩を並べてやっていくことができるのか、親が心配するほど鈍《どん》くさかったらしい。しばらくはがむしゃらに仕事をしていたが、そういえば大学を卒業したことはあるが、大学で勉強したことがなかったことを思い出した。そして、それまでは、稼ぐ目的だけで仕事をしてきたことにも気づいた。大学で勉強でもすれば、少しは社会の役に立てるかもしれないと思った。

その後、いい年齢をして大学の法学部に再入学した。そして、高田《たかた》裕成《ひろしげ》教授の民事訴訟法講義を聞いて以来、「民訴のお化け」に取り憑かれ、いや、私が夢中になってしまい、大学院に進み民事手続法の大家である故井上治典教授に師事した。目標を達成すると冷めてしまう性格の私だが、私が民事手続法を極めることなどできようはずもなく、いまも飽きることなく、民事手続法関連の書物に埋もれながら、実は学問から遠ざかりつつある。

「人間」と「紛争」との関係は実に奥が深い。弁護士が法律的な視点だけで解決しても、紛争当事者の精神的苦痛が取りのぞかれるとはかぎらない。紛争のなかに身を置いて混乱した精神状態の依頼者と、「どのように接し、またどんな形で寄り添っていけば」、法律の素人である依頼者が、みずからの事件に積極的に関与することができ、調停なり裁判なりが終了して法律上の解決を見たあとに、「より早く平常心にもどり、過去を振り返らず将来に向かって歩み出すことができるのか」……、これが、私の永遠の研究テーマである。

紛争のなかに身を置いた人間は、怒ったり、悔しがったり、悲しんだり、妬んだり、焦ったり、将来に不安を覚えたり、現在なにをすべきかさえ判断ができないような混乱した精神状態に陥っている。

依頼者が不満に感じたり、不安を感じたりする場面はそれぞれ異なっているため、個々人の性格や判断能力、そして弁護士にどのような価値観を見出して依頼しているのかを素早く感じ取り、対応していく必要がある。

私は、法律事務所のなかにあって、依頼者がはじめて事務所に訪れたときから、弁護士とともに悩みごとや不安を聞き、主に法律の力だけで紛争を処理していこうとする弁護士に、ある意味で対峙する形で依頼者に寄り添いながら、紛争が解決するまでの間、弁護士と依頼者の間の、「言葉と心の通訳的な役割」を果たしている。

一人でも多くの依頼者が、伊武木弁護士に頼んでよかったと思いながら、いやな事件を忘れて将来に向かって歩み出してほしいと願っている。

一通のハガキが舞い込んだ。

「離婚裁判ではお世話になりました。おかげさまで過去に引きずられることなく、新天地で生活を始めました。空も海もこんなに青くてきれいだったんだと気づいて、楽しく生活しています」

ヤッター！　いまの仕事は、おせっかいな私の性格にピッタリなのかもしれない。

第6章 どんな法律事務所がいいのかしら？

私は法律事務所に十数年勤務して、たくさんの弁護士を見てきたが、仮に私自身が弁護士になにかを依頼しなくてはならないような事態に陥ったら、どんな基準で「私の代理人」となる弁護士を選ぶのだろう……、と考えることがときどきある。さしあたって、この何年かの間、私の遺言執行者[1]をどなたにお願いするか思案中だが、絶対条件は、私より長生きし、私が死亡した時点で呆《ぼ》けていない人。するといったいどれくらい年下を選べば私の不安材料は解消されるだのろうか？　いまだに決められずにいる。

そこで、あくまで「私が一般民事事件を依頼するのなら」という基準で、法律事務所の選びかたを考えてみたい。

1　遺言書の内容を実現するために必要な手続をおこなう人。遺言書に遺言執行者の名前を記載し指定する。

Ⅰ　事件のたけにあった法律事務所

法律事務所と一口にいっても、その形態や特徴はさまざまだ。百人単位の弁護士を抱え二四時間稼働しているような法律事務所から、弁護士一人と事務員一人の法律事務所まで、いや、弁護士が一人で留守番電話を助人《すけっと》にしてがんばっている法律事務所だってある。

それらたくさんのなかから、どこかの法律事務所を選んで事件を依頼しなければならないような状況になったときには、事件のたけ（事件の大きさ）に応じた法律事務所を選んで依頼するのがいいと思う。「身のほど知らず」という言葉がある。自分の能力や身分の程度、分際などを理解せずに行動する人を称してそう呼ぶらしいが、法律事務所を選ぶときにも「事件のほど知らず」にならないよう法律事務所を選ぶとよいだろう。

仮に国際的な事件であれば、渉外事務所と呼ばれる、海外との事件を主に扱っているような法律事務所（ほとんどの事務所が大規模事務所）が適当だろうし、裁判の対象が数十億円、数百億円というような規模の事件の場合も、それなりに大きな規模の法律事務所を選ぶのが無難だと思う。

しかし、私たち一般市民が巻き込まれるような、または自らがその種をまき散らしたような事件では、対象となる金額がそれほど多くない場合がほとんどだし、そのような一般民事事件は、小規模な法律事務所、いわゆるマチ弁（個人または数人の弁護士が執務しているこぢんまりとした法律事務所で、私たちがなじみの町医者に行ったときのように、愚痴も含めてなんでも話せるような雰囲気をもっている事務所）に依頼した方が、臨機応変かつ細やかな対応を期待できる。

まあ、弁護士から見てどんな些細な紛争であろうとも、当事者にとっては一生に一度あるかないかの重大事件だと思うし、負けられないという必死な気持ちもよく理解できる。しかし、だからといって、一流で有名な大規模法律事務所に駆け込めば、上手に解決してもらえるというものでもない。法律事務所の選びかたは、私たちが自分自身の大切な財産をどのように運用するかを決めるときと似ていると思う。

大手銀行や、大手証券会社などを思い浮かべてほしい。立派な本社社屋やたくさんの支店・ATMをそろえているが、小口預金者には不親切である。たとえ一千万円程度の運用方法を相談し、定期預金をしたとしても、ティッシュペーパーの一つもくれず、いとも簡単に手続が終わるだけだ。私自身が大手銀行に一千万円もの定期預金をしているわけではないが、現実はそうらしい。大手銀行の、しかも赤坂近辺の支店にとって、企業は大切な顧客だろうが、せいぜい一千万円程度を預金するような個人はどうでもいい存在なのだろう。

しかし、私が毎月定期積立をしている溜池信用金庫は、月々たった二万円のために、担当者が集金に来てくれ、誕生日には信用金庫からのプレゼントが届き、その積立が満期を迎えるころになると担当者が訪ねてきて、

「満期金の使いみちがお決まりでなければ、ぜひ満期金を定期預金に……いかがでしょうか。それと

2　海外での事件、海外との事件などを扱っている事務所のなかには、二四時間稼働しているケースもある。

257　どんな法律事務所がいいのかしら？

……、厚かましいお願いですが、引き続き定額積立をお願いできれば大変幸いなのですが」と、深々と頭をさげるので、私は金持ちになったような気分になれる。そして、満期金を定期預金にすればあいさつとプレゼント、引き続き定額積立もすれば、さらにあいさつとプレゼント……。そして、少しでも金利のよい商品などがあると、ていねいな案内をくれる。

こうした例とは異なるにせよ、普段、億単位の紛争を扱ったり、外国法人との契約書作成などをしている法律事務所に、われわれが抱えているような「知人に数百万円を貸したが返してもらえない」「父親の相続財産数千万円をどのように分割するかについて、きょうだい間でもめている」「夫が浮気をしている」「交通事故の示談をしてほしい」などの相談事を持ち込んでも、おそらくあまりありがたくない依頼者として扱われるだけでなく、処理に慣れていないことも考えられる。

そんなわけで、私たちの身の回りに起こったような困りごとは、立派すぎないたたずまいの、町医者に対比する意味でのマチ弁に依頼するのが、身のたけ、事件のたけに合っていると思う。

Ⅱ　価値観を共有でき、気が合う弁護士を選ぶ

人はみなさまざまな価値観を持っていて、どの価値観が正しいと決められるようなものではない。依頼者がみな自分と同じような価値観を持った弁護士に巡りあうことができれば、紛争処理にあたって弁護士に対しこまごまとした説明や指示をしなくても、それなりに希望に添った解決が得られるだろう。

例えば、お金がなにより大切だと考えている弁護士と、名誉やプライドも守りたいと考えている弁護士では、事件の解決方法がおのずと異なる。本書3章の「ドンデン返し！」を思い浮かべていただきたい。伊武木弁護士と依頼者である服部さんの価値観が、「自分自身の生きかたや発言にプライドを持つ。みっともない生きかたはしたくない」という点で共通していると思う。仮に、伊武木弁護士と服部さんが、ともに経済的利益に最大の価値を見いだしていたのだとすれば、なりふりかまわず、夫の尚三氏に対して慰謝料請求や財産分与請求の訴えを起こすこともできたし、尚三氏亡きあと遺産相続の主張をすることもできた。もし、伊武木弁護士が、

「尚三氏が七千万円の財産分与に加えて、毎月一五万円を一生涯支払えと請求してきていますから、とりあえず、こちらも尚三氏の銀行預金を徹底的に洗い出して財産分与請求をし、精神的慰謝料も請求しましょうか」

と提案し、服部さんが、

「ええ、ぜひ、そうしてください」

とでも答えていれば、事件はちがう展開を見せていたと思う。しかし実際は伊武木弁護士も服部さんも、ともに主張の一貫性を重んじ、みっともない反論や主張はしたくないという部分で基本的価値観が一致していた。その結果、方針はスムーズに決定した。

少し話をしたぐらいで、価値観の一致を見極めるのは難しいと思うが、自分が抱えている心配事に関して包み隠さず話してみて、その処理方法をたずね、弁護士からの答えが違和感のないものであって、数カ月、ときには数年間にわたり、裁判終了までいやな気分にならずつき合っていける……、そ

う、「気が合う」と感じた弁護士に依頼をすれば間違いない。

Ⅲ　居心地のよい法律事務所

小規模な法律事務所の場合、はじめて事務所に入ったときに感じた第一印象や、事務所の居心地から判断できることは大きい。はじめて入った法律事務所なのに、そこが、なんでも包み隠さず話せそうだ……、と感じる事務所だったとすれば、たぶん、その事務所は、所長弁護士のもと、スタッフ全員の間によい人間関係ができあがっているのだと思う。空気がピリピリしていて緊張を強《し》いられたり、違和感があって居心地が悪いと感じる法律事務所だったとしたら、おそらく、その事務所のスタッフが、経営者である所長弁護士の考えかたや価値観を理解せず共有もしていないのだろう。

勤務弁護士を含めたスタッフ全員が、所長弁護士と同じ基本的理念のもとで仕事をしていれば、事件処理の方向性が一貫しており、スタッフのだれにどんな話をしても曲がった理解をされることはない。自分自身の大切な事件を依頼するのであれば、担当者がいないと話が通じないような事務所ではなく、スタッフ全員が一丸となって争ってくれるような事務所が心強いに決まっている！

現在（二〇一〇年七月）法律事務所では、民事事件の場合、通常三〇分・五千円、一時間・一万円（いずれも消費税別）で相談を受け付けているため、もし事情が許すのであれば、相談料を確認のうえいくつかの法律事務所に行ってみるのもいいと思う。そして、まずその事務所が自分にとって居心地のよい場所であるかどうかを感じ取り、費用に関する説明を受けたうえで、自由になんでも質問できるような事務所を選ぶことがよい結果をもたらすのではないだろうか。

Ⅳ　コマーシャルをしていない法律事務所

最近、電車やバスの車内、またはテレビやラジオで、

「債務整理なら何度でも相談無料です。お気軽に……」（エーッ、債務整理だけ無料って、どうして？）

「債務をまとめて身軽になりませんか……」（まとめたって合計額は同じなんじゃない？）

「二四時間対応！」（弁護士が二四時間対応しているのなら、費用が高いでしょうね。弁護士じゃない人が対応しているのなら怖いなあ！）


と、法律事務所がコマーシャルをおこなっているのを見たり聞いたりするたびに、

「私自身の問題なら、コマーシャルをしているような法律事務所に相談したくない」

と考えてしまう。


まず第一番目の理由として、なぜ債務整理にかぎって無料で相談に乗ってくれるのだろうと、なんとなく疑問がわく。

コマーシャルをしている法律事務所（最近は司法書士事務所も含まれる）の多くは、債務整理を売りにしていて、つけ足しのように、相続や交通事故なども扱っているようだ。少なくとも、コマーシャルからはそのように感じ取れる。法律事務所用の債務整理マニュアルを読み、債務整理処理ソフトなるものを利用すれば、自己破産手続も含めて債務整理手続の書類を整えることは簡単にできる。おそら

く、弁護士が個別に対応することなく、事務員が債務整理ソフトを使って簡単に手続ができるような事件の依頼者ばかりをたくさん集め、ベルトコンベアに乗せて、それ自体を一種の職業のように事務的にこなしているのだろう。

しかし、簡単に手続ができるからといって、依頼者の抱えている不安が少なく事情も簡単だということではない。コマーシャルをしているような事務所では、もっとも重要な各依頼者が抱えている個別の事情や希望を斟酌《しんしゃく》することまではしていないだろう。多重債務を抱えた依頼者が、債務整理手続をしたあと、どのように生きていくことができるのか……、そのことを念頭に処理してくれるような法律事務所でなくては本当の意味で債務整理の助けにならない。

第二番目に、おそらく高額であろうコマーシャルをしても採算が取れる法律事務所とは、どんな経営をしている事務所なのだろうという疑問がぬぐいきれない。

いわゆる一般民事事件（家事事件を含む）に関しては、各依頼者によって異なる生活環境や経済観念、価値観や人生観、その他さまざまな事情を把握し考慮して、個々の依頼者が満足するような手間ひまかけたオーダーメイドの事件処理が必要になってくる。紛争の混乱のなかに身を置き、または将来を思い悩み、または過去の思いを払拭できず……、そんな紛争当事者に安定をもたらせようとすれば、一人の弁護士がそれほど多くの事件を抱えることはできない。一人で同時に百件以上の事件を抱えている売れっ子弁護士を知らないではないが、

「依頼者の心の問題なんか、いちいち考えていられませんよ。法廷で、秘書がカバンにつめた記録を引っ張り出して、ああ、きょうはこの事件だったなんて、やっと思い出すぐらいですからね……。と

にかく、きょう終わらせないとならないことを事務的にこなしていくだけですね」

自慢げに、そんな話をする彼を見ていると腹立たしくなる。裁判の結果によって、依頼者の人生が変わるってこともおおいにあり得るのに……、そんなことといっていいのかなあ？　一つの事件をよりていねいに依頼者の納得が得られるように解決しようとすれば、法律事務所全員が一体となった大変なエネルギーと時間が必要であり、どれほど有能な弁護士であったとしても、一人の弁護士が引き受けられる事件数はかぎられている。

引き受けられる事件数がかぎられており、それが市民感覚の範囲内の事件であれば、法律事務所が得る報酬は労力や時間に比してそれほど高額なわけではなく、法律事務所というのはそんなにもうかる商売ではない。だから、コマーシャルの費用をかけ、たくさんの困った人を集めて、どんな処理をすれば採算が取れるのか不思議でたまらない。依頼者は満足しているのだろうか？

そんなわけで、コマーシャルをしているような法律事務所に、私の代理人として働いてもらうのはまっぴらゴメンだ。でも、これは私の思いこみかもしれない……。えっ、いぶき法律事務所のコマーシャル……？　そんなことやってる場合じゃありません！

V　二世代の弁護士が在籍している事務所

個人差があるにしても、弁護士にも「旬」があると思う。いったいそれは弁護士登録をしてから何年後ぐらいに始まり、何年間ぐらい続くのだろうか。生まれたてホヤホヤの弁護士は、それなりに最近の法律にくわしかったり、新しくできた手続を知っていたりする。ただし、書面の書きかたなどには慣れていないし、事件に関する勘も磨かれていない。当然のこととして、依頼者への接しかたも上手ではない。また、豊富な経験を積んだ熟年弁護士は、事件処理に精通しているし、経歴や貫禄だけで相手を圧することもできるなど、よい面をたくさん持っているが、加齢とともに衰えてくる部分があることも事実だと思う。

以前、相手方の代理人となった弁護士が非常に高齢だったことがある。正確な年齢はわからないが、法廷に、杖をついて秘書らしき女性の肩につかまりながら、ゆっくりと歩いて現れる。代理人席には、秘書の助けを借りて座り、杖は秘書が傍聴席で保管している。耳が遠いらしく、弁論の途中で、何度も耳に手を当てて裁判官のいうことを聞き直している。あんなに耳が遠いと、依頼者の話も充分に聞き取れていないのではないかと不安を感じる。私なら、耳が遠く、歩行もままならず、移動には必ず秘書の手を借りる必要があるような弁護士には仕事を頼まないと思う。あまり耳が遠ければ、当然のこととして理解力も低くなり、交渉能力なども劣ってくることは間違いない。

その弁護士ほど高齢ではなかったが、一〇年以上も前に改正になった民事訴訟法の主たる部分を、いまだに知らないとしか思えない熟年弁護士もいた。伊武木弁護士が被告代理人を務めたある事件で、原告代理人弁護士が、裁判所の準備室[3]に入ってくるなり、私を見て、

「その人はどなた？　当事者ではないようですね。きょうは弁論兼和解だから、当事者と代理人以外

は入室できないはずでしょ」

と、いってのけた。「弁論兼和解」という手続は、一九九八年に新民事訴訟法が施行される以前、実務上おこなわれていた手続で、法に定めがあるものではない。現在は、それに近い手続で、「弁論準備手続」[4]という手続が法に定められており、その弁論準備手続の期日について、新民事訴訟法は、

「裁判所は、相当と認める者の傍聴を許すことができる。ただし、当事者が申し出た者については、手続を行うのに支障を生ずるおそれがあると認める場合を除き、その傍聴を許さなければならない」

と定めている。

その熟年弁護士は、一〇年も前に法律が変わったのを知らない……、らしい。裁判官がまず私に向かって、

「えっ、だって、あなたは被告代理人の訴訟担当秘書だっていいましたよね。要するに、この事件を担当している人でしょ」

と確認し、次に原告代理人に向かって、

「原告代理人、別にいいでしょ、同席しても……」

というと、熟年弁護士は、

「いや、困ります。こんな部外者が入ったんじゃ、きょうは弁論兼和解だからね……」

3　法廷ではなく裁判官と代理人とがさまざまな手続をおこなう小さな会議室のような部屋。

4　民事訴訟法169条7項（弁論準備手続の期日）。

と、再度、胸を張って言い放った。裁判官は、

「まあ、一緒にいたっていいじゃないですか。弁論準備手続ですから、いいですね、原告代理人……」

と、やや強引に述べ手続を始めた。その後も、熟年弁護士は、

「こんなおかしいの、はじめてだ……。聞いたこともない。まったく……、部外者が入る弁論兼和解手続なんてはじめての経験だ……」

と、ブツブツつぶやき続けていた。弁護士になるまではさまざまな法律を勉強したのだろうが、弁護士登録をした途端、熟年弁護士の頭のなかの時計が止まってしまったのかもしれない。このこと自体はたいした問題ではないが、めまぐるしく変わる法律を、この熟年弁護士はどの程度把握しているのだろうか。そういえば、この事件はそれほど難しい法的主張を必要としない事件だったが、そういう事件しか受けないのだろうか。

でも、こんなんじゃあ、困るんだけどなあ。

やはり、熟年弁護士と若い弁護士、年齢や経験が異なる最低二人の弁護士が在籍しているような法律事務所でないと安心できない！

Ⅵ まとめ

いいたいことを書き連ねてきたが、私が考えていることを書いただけなので、それが事実かどうか

はわからない。それに、どんな法律事務所がいいかなんて、一概にいうことはできっこないと思っている。風塵社の腹巻オヤジ氏が書けというから仕方がなく書いたけど……。お世話になっている弁護士さんたち、気にさわったら許してください。

おわりに

私のこれまでの人生は、とてつもなく周囲の人に恵まれていたと思う。

現職のことを考えると、まず大学院で故井上治典教授に出会ってから、押しかけ弟子として先生の唱えたいわゆる「第三の波理論」（民事訴訟の目的は、法律の素人である人々の間で起こる具体的な紛争を当事者が納得のいく形で解決するのを手助けするにすぎないという基本的な考えのもとに、「当事者間の実質的平等を確保しながら、当該紛争に妥当すべき当事者間の行為責任分配ルールにもとづいて論争または対話を尽くさせることじたいに第一次的な目的または価値を見いだす」ことにあるという民事訴訟目的論）を直接学ぶようになり、民事手続法を学ぶ者の垂涎の的となった。腹巻オヤジ氏は、「第三の波と湘南の波のちがいをもっとわかりやすく説明せよ」と私に命じたが、難しい理論なのでそんなことはできない。院生時代は、各地の裁判所の審理方法を見て回っていたが、井上先生の弟子であるなら優秀だろうと誤解され（！）、多くの裁判官や書記官に歓待していただいた。

大学院博士前期課程を修了後、井上理論に近い考えを持つ加地修弁護士の事務所に、これまた押しかけ就職がかなった。加地弁護士の柔軟な思考方法とあたたかな人間性は、私がどのような形で「弁護士の協働者」という職業を確立していけばいいのかを日々考え実行するうえで大変参考になり支えにもなった。加地弁護士は私に、世間でいう「密偵」や「張り込み」に類《るい》する実にさまざまな仕事を経験させてくれたが、それらの仕事は、少々おそろしくもあり、楽しくもあった。そういえば、いなかの橋のうえや都心の交差点で道行くひと千人近くにアンケート調査なるものをしたこともあったっけ……。結局、私は「なに屋」だったのだろう。

現職についてすぐ、現在大阪大学法学部に勤める仁木恒夫氏を井上先生から紹介され、「あんたら二人、よう似たような考えやから、情報交換したり共同研究するとええよ」といわれ、私は渡りに船とばかりに仁木氏に張りつき、論文を発表したり、法学部生相手に話をする機会を得た。感謝、感謝！また、あるときから、井上先生は加地弁護士と同じ場所で弁護士業を営むようになり、先生が突然の死を迎えられる前日まで、数年間にわたって、実際の事件をともに扱いつつ第三の波理論について教えを請うという、これまたかなわぬような幸運に恵まれた。

出版に際しては、仁木氏に風塵社の腹巻オヤジ氏を紹介していただいたところ、快く出版を引き受けてくれたうえ、たぶん適切だと思われるアドバイスをくださった。感謝、感謝！　信頼できる仕事仲間である和田多映子さんと手塚沙織さん、おっちょこちょいな私のために原稿の誤字・脱字を見つけたり、雑務を引き受けてくれてありがとう！　素敵な装幀を手がけてくれたあきやまみこさんと、推薦の言葉を寄せていただいた北尾トロさんにも、お礼申しあげます。

いろいろ考えてみたけれど、やっぱりここは加地修弁護士に最大の謝辞を捧げるのが相応《ふさわ》しいと思う。心から感謝しています。ありがとうございました。

二〇一〇年盛夏

麻田恭子

著者略歴

麻田恭子（あさだ・きょうこ）

1952年、東京都生まれ。

1974年、北里大学衛生学部卒業。その後約15年間、海外旅行の添乗員を勤める。

1991年、立教大学法学部入学、1995年同大学院、故井上治典教授に師事、民事手続法専攻。同教授が「分かりやすく利用しやすい裁判」のために考えられたいわゆる「第三の波理論」に深く感銘を受け、なんらかの方法で実務に根付かせたいと志す。

1998年、加地修法律事務所（現在の赤坂溜池法律事務所）勤務。加地修弁護士の「紛争は裁判手続のみによって解決されるものではない」という信念に傾倒。第三の波理論に基づき、当事者が納得のいく論争または対話ができるよう、弁護士との協働を目指し、現在に至る。

2001年～2005年、弁護士登録をした故井上治典教授が、加地修弁護士と同じ事務所で執務していた関係で、同教授から実際に弁護士の協働者としての実務につき教えを請う。

共著に、『リーガルコーディネーター―― 仕事と理念』（信山社）。

論文に、「民事裁判への新風」（『法学研究』21号、立教大学大学院）、「マチ弁事務所における業務展開の一形態」（『立教法学』70号、立教法学会）ほか多数。

監修者略歴

加地修（かじ・おさむ）

1947年　愛媛県生まれ。

1971年　中央大学法学部卒業

1976年　司法試験合格

1979年　弁護士登録（第31期）、東京弁護士会所属。

1983年　赤坂溜池法律事務所の前身である加地修法律事務所設立。

　　　　現在にいたる。

紛争は裁判のみによって解決されるものではないと考え、依頼者はもちろん、紛争相手方にも納得が得られる交渉による解決を目指している。

トラブル依頼人

2010年8月30日　第1刷発行

著　者　　麻田恭子

監修者　　加地　修

発行所　　株式会社風塵社《ふうじんしや》
〒113 - 0033　東京都文京区本郷1 - 10 - 13
TEL 03 - 3812 - 4645　FAX 03 - 3812 - 4680

印刷：吉原印刷株式会社／製本：株式会社越後堂製本